영어 원서, 어디까지 읽어 봤니?

만만한 영어 원서 완독의 힘

영어 원서, 어디까지 읽어 봤니?

지은이 류영숙
펴낸이 임상진
펴낸곳 (주)넥서스

초판 1쇄 발행 2023년 3월 25일
초판 2쇄 발행 2023년 3월 30일

출판신고 1992년 4월 3일 제311-2002-2호
주소 10880 경기도 파주시 지목로 5
전화 (02)330-5500 팩스 (02)330-5555

ISBN 979-11-6683-468-4 03740

www.nexusbook.com

영어를 쉽고 재미있게 익히는
최고의 원서 읽기 학습법

**만만한 영어 원서
완독의 힘**

영어 원서,
어디까지
읽어 봤니?

류영숙 지음

넥서스

평생 영어 공부
시작만 했던 분들께

대한민국에서 영어 공부 시작 한 번 안 해 본 사람은 거의 없을 것이다. 새해에는 영어 공부를 열심히 하겠다는 계획을 세우지만, 번번이 포기하고 만다. 새로 산 영어 교재는 앞부분만 새까맣다. 열심히 한 것 같은데 느는 것 같지 않아 의욕을 잃어버리기도 한다. 결국, 인내심과 의지력이 부족한 자신을 탓하게 된다.

하지만 이건 인내심과 의지력의 문제가 아니다. 잘못된 방법으로 영어를 공부해 왔기 때문이다. 그동안 단어를 외우고 문법을 공부하며 영어의 조각들을 따로따로 배우는 데만 온 힘을 기울였다. 이 조각들을 하나하나 익히는 데 만도 많은 시간과 노력을 들여야 하는데, 이것이 끝이 아니다. 그 조각들을 가지고 언어를 이해하고 표현해 내야하는 엄청난 과제를 다시 마주해야 한다. 하지만 한계가 있다는 것을 금방 알게 된다. 언어를 구성하는 데 필요한 빈 부분이 너무도 많기 때문이다. 그 빈 부분은 해당 언어를 듣거나 읽는 경험을 통해서만 채울

수 있다. 개별적인 단어의 의미나 문법 규칙을 아는 것만으로는 채울 수 없다.

나 역시 그 조각들을 익히느라 많은 노력을 쏟았던 사람 중에 하나이다. 나는 시골에서 자라 알파벳을 중학교 1학년 입학하면서 처음 배웠고, 고3까지 학교에서 배우는 영어가 전부였다. 운 좋게도 중고등학교 시절 시골의 작은 학교에서도 열정을 가지고 가르쳐 주셨던 좋은 영어 선생님들을 만났다. 선생님들 덕분에 열심히, 즐겁게 배우다 보니 어느새 영어는 내가 가장 좋아하는 과목이 되어 있었다.

나 혼자 하는 영어 공부는 문법책을 읽는 것이었다. 중학교 3학년에 문법책을 처음 읽을 때는 관계대명사 부분이 이해가 잘 안 되어서 표시만 해 두고 넘어갔다. 다 읽은 후 처음부터 다시 읽었다. 이제서야 쉽게 이해가 되고 나니 문법책을 읽는 것이 재미있었다. 고등학교 입학을 앞둔 겨울 방학에는 맨투맨 영문법 기본 시리즈를 읽기 시작했다. 이미 영문법책을 한 권 읽고 난 후라 어렵지 않았다. 고등학교 때 맨투맨 기본 시리즈 두 권을 세 번 읽었다. 맨투맨 종합 시리즈 다섯 권도 세 번 읽었다. 성문 기본 영어까지 세 번을 읽고 나니 더 볼 책이 없어서 성문 종합 영어도 읽었다.

문법책에 나오는 단어와 숙어는 작은 스프링 노트에 모두 정리해가며 외웠다. 비슷한 표현, 반대 표현, 기억해야 할 문장 구조, 특이한 발음의 단어 등의 주제로 분류했다. 시간이 지나니 나만의 단어장이 생겼다. 잘 안 외워지는 것은 표시해 두었다가 반복해서 외우면 됐다. 아는 단어와 숙어가 많아지니 처음 보는 단어도 쉽게 외워졌다. 영어 공부가 쉽고 재미있었다.

대학교에 입학해서는 영어 말하기 동아리에 들어갔다. 조별로 둘러 앉아 미리 정해진 주제에 대해 영어로 이야기를 나누었다. 조별 모임 후에는 다 같이 모여서 돌아가면서 각자 주제를 정하고 준비해서 발표를 했다. 발표가 끝나면 영어로 질문하고 답하는 시간을 가졌다. 나는 임원을 맡을 정도로 동아리 활동에 열심이었다. 하지만 정작 영어 말하기는 별로 늘지 않았다. 틀리는 게 싫어서 최소한으로 말했다. 책에서 보고 미리 외워 둔 문장 위주로만 말했다. 적극적으로 말하려는 노력은 거의 하지 않았다. 더 정확히 말하자면 영어로 말이 안 나왔다. 내가 열심히 공부했던 문법과 단어, 숙어는 '말'이 되어 입 밖으로 나오지 않았다.

동아리 활동에 익숙해질 무렵 영어 원서 읽기에 도전해 봤다. 말콤 엑스^{Malcolm X}(흑인 해방 운동가, 1925~1965)에 관한 두꺼운 책이었다. 책을 덮었다 펼쳤다 하다가 결국 포기하고 말았다. 전혀 관심 없는 내용이었다. 무슨 말인지도 모르는 문장도 있었다. 그 뒤로 오랫동안 영어 원서를 읽는 것을 시도하지 않았다. 나는 영어 원서를 읽지 못하는 사람이구나 하는 깨달음만 얻고 말았다.

문법 공부와 단어, 숙어 외우기를 열심히 했는데도 왜 말하기와 책 읽기에 실패했을까? 영어라는 언어를 구성하는 조각들에 대해서만 열심히 공부했기 때문이다. 완전체로서의 영어를 접해 본 경험이 너무 적었다. 이 경험이 없으면 영어를 모르는 것과 같다. 완전체의 언어란 상황 안에서 존재하는 문맥과 문장 단위의 언어이다. 문법과 단어는 상황이 있어야 비로소 의미가 생긴다. 조금 과장해서 말하자면, 상황이 없는 문법과 단어는 '언어'라고 할 수 없다.

유튜브에서 폴리글롯^{polyglot}(여러 개의 언어를 구사하는 사람들)의 이야기를 들어봐도 완전체의 언어로 배우는 것이 얼마나 중요한지 알 수 있다. 그들은 모두 완전체의 언어를 통해 외국어를 배운 사람들이다. 실제 원어민이 말하는 것을 반복해서 듣고, 원어민이 쓴 글을 읽으며 배웠다고 입을 모아 말한다. 문법 공부를 열심히 하고 단어를 외우는 것만으로 외국어 배우기에 성공한 사람은 없었다.

어떤 의미를 나타내고 싶은지에 따라 달라질 수 있는 문법 규칙을 절대 불변의 공식처럼 외우면 오히려 말하기와 글쓰기에 방해만 된다. 의미에 따라 달라지는 다양한 표현 방식을 예외로 구분해서 모두 외우는 것도 불가능에 가깝다. 맥락 없이 우리말 뜻으로만 외웠던 단어와 숙어가 문장이 되어 말과 글로 술술 나오는 일도 드물다. 모르는 단어가 없는데도 무슨 말인지 모르는 일이 일어나기도 한다. 우리말 뜻으로 외운 단어와 숙어는 우리가 영어를 배우거나 쓸 때 겪는 어려움의 주요 원인 중에 하나라고 해도 과언이 아니다.

영어 원서를 읽는 것은 그동안 우리가 알았던 영어를 다시 만나는 과정이다. 문법과 단어를 의미 있는 상황 안에서 완전체의 언어로 다시 만나는 것이다. 전달하려고 하는 의미에 따라 문법 규칙과 단어의 의미가 어떻게 달라지는지 알게 된다. 알고 있던 단어들이 어떤 조합으로 표현되는지 익히게 되고, 기본 단어의 다양한 의미와 표현 방식에도 익숙해진다. 이 과정에서 영어 표현에 대한 유연함이 생겨 말하기와 글쓰기에 활용할 수 있는 튼튼한 기초를 쌓게 된다. 읽기를 통해서 영어를 접하다 보면 듣기 실력도 좋아진다. 들리는 것이 많아지면, 배우는 것이 더 많아진다. 영어 말하기와 글쓰기의 표현이 더 좋아질 수밖에 없다.

문법과 단어는 학교 다닐 때 배웠던 것으로 충분하다. 자신의 영어 수준에 맞는 책부터 시작하면 된다. 영어 원서는 작가와 작품에 따라 난이도와 장르, 주제가 다양하다. 나에게 맞는, 쉽고 재미있고 만만한 책을 고르기만 하면 된다.

평생 영어 공부를 시작만 했던 이유는 의지나 인내심 부족 때문이 아니다. 그동안 잘못된 방법으로 애쓰고 있었기 때문이다. 이제는 영어의 조각 지식을 배우는 데만 애쓰지 말고, 완전체의 영어로 시작해 보자. 영어 원서 읽기는 첫 완독만 성공하면 도중에 포기할 일이 거의 없다. 오히려 시간이 갈수록 더 빠져든다. 영어 공부, 이제 시작만 하다가 끝나지 않아도 된다.

CONTENTS

(6장) 주제별 추천 영어 원서

(7장) 영어 원서 읽기를 도와주는 도구들

영어 공부 열심히 하고도 영어가 늘지 않은 이유

영어 단어를
우리말 뜻으로 외우면
생기는 일

우리말 뜻으로 외웠던 단어의 함정

학생들이 영어로 글을 쓸 때 적당한 영어 표현이 떠오르지 않아 고심하는 경우를 많이 본다. 대개 학생들은 우리말에 해당하는 영어 단어를 검색해서 찾는다. 이때 우리말 뜻으로 외워 두었던 영어 단어의 의미 때문에 엉뚱한 단어를 선택할 때가 있다.

　오래전에 다른 학교에서 교양 영어 수업을 맡았을 때의 일이다. 좋아하는 음식 만드는 법을 영어로 써 오라는 과제를 냈다. 학생들의 과제를 읽다가 어떤 의미로 쓴 것인지 도저히 알 수 없는 영어 단어를 만났다. 간혹 학생들이 쓴 영어 문장 중에 원어민 선생님들은 이해하지 못하는 어색한 표현을 나는 무슨 말인지 쉽게 알아차리곤 했다. 주로 우리말의 특정 단어를 영어와 일대일 대응 방식으로 바꿔 썼기 때문에 생기는 문제인 경우가 많다. 그래서 한국인인 내가 보면 무슨 말인지 금방 알 수 있는 편이다. 그런데 이 단어는 아무리 생각해도 무슨 의미인지 떠오르지 않아서 다음 수업 시간에 그 단어를 쓴 학생에게 다가가 물었다.

나　여기, sliced ruins에서 ruins가 무슨 말이지?

학생　(자신이 쓴 문장을 잠깐 보더니 무심하게) 대파요.

　바로 그 순간 모든 미스터리가 단번에 풀렸다. 검색창에 '대파'라고 써 넣는다. 대파(大破, 심한 파손)를 포함한 여러 영어 단어들이 화면에 뜬다. 과제 제출 마감까지 시간이 얼마 안 남았다. 자세히 읽어 볼 틈도 없이 길이도 짧고 왠지 눈에 익은 단어, 'ruin'을 선택한다. 그리고 '채 썬 대파'니까 sliced ruins라고 쓴다.

　지금은 네이버Naver 사전 검색 결과에서 제시되는 방식이 좀 더 보기 편해졌다. 이 글을 쓰면서 '대파'라고 검색해 보니 ruin 옆에 '심한 파손'이라고 친절하게 쓰여 있다. 예전에는 우리말 설명 없이 영어 단어 ruin만 있었던 것으로 기억한다.

이 '대파(大破)'는 바로 다음에 이어진 계절학기 수업의 과제에 또 출현했다. 같은 교재를 쓰면서 똑같은 과제를 냈다. 한 여학생이 오징어 볶음을 만들 때 'ruins'를 넣는다고 썼다. 이번엔 의미를 단숨에 알아차릴 수 있었다. 대파를 넣는다는 말이구나!

문맥 없이 우리말 뜻으로 영어 단어의 의미를 외우면 한영사전을 이용하는 데 어려움을 겪게 된다. 한영사전에서 제시해 주는 여러 개의 영어 단어 중에 어느 것을 선택해야 할지 잘 모른다. 고심 끝에 선택한 단어가, 알고 보니 전혀 다른 의미인 경우가 있다. 물론 이 대파 사건의 경우 ruin이란 영어 단어에 익숙하지 않아서 발생한 일일 수도 있다. 중요한 것은, 우리말 뜻으로 영어 단어를 외울 때 주의해야 할 점이 있다는 것이다. 우리말 단어 하나에도 여러 가지 뜻이 있을 수 있다. '대파'에는 음식 재료인 '파'의 의미도 있고 '완전히 파괴하다, 망치다'는 의미의 '대파(大破)'도 있다. 사전을 찾아보면, '큰 파도'도 '대파(大波)'이고 '다른 작물 대신 파종(씨를 뿌림)하는 것'도 '대파(代播)'이다.

영어 단어의 의미를 우리말 뜻으로 외울 때 주의할 점이 또 하나 있다. 영어도 하나의 단어에 여러 가지 뜻이 있다. 우리는 영어 단어의 의미를 우리말 뜻 하나로만 알고 있는 경우가 많다. 이 한 가지 의미는 생각보다 강력하게 각인되어 있다. 어느 날 학생에게 이런 질문을 받은 적이 있다.

학생 문제집에서 이 문장을 봤는데, 무슨 뜻인지 모르겠어요.

그 학생이 가리키는 문장은 대략 이런 것이었다.

She produced a new phone from her bag.

produce의 뜻을 '생산하다'로만 알고 있으면 이해하기 어려울 수밖에 없다. produce는 '생산하다' 외에도 '만들어 내다', '새끼를 낳다', '~에서 꺼내다', '농산물' 등의 다양한 의미로 쓰인다. 이 문장에서는 '새 휴대전화를 가방에서 꺼냈다'는 뜻이다. produce를 '생산하다'라는 뜻으로만 굳게 믿고 있었으니 사전을 찾아볼 생각도 못 했을 것이다.

영어 단어의 의미를 우리말 뜻으로 외울 때 문제가 더 있다. 비슷해 보이는 단어의 의미 차이를 잘 모르게 된다. 물건을 잡는다고 할 때 자주 쓰는 세 동사 catch, hold, grab은 '잡다'라는 의미를 공통으로 가지고 있다. 그래서 대부분 '잡다'라는 우리말 뜻으로 외우는 경우가 많다. 하지만 사실 이들은 서로 다른 의미의 동사들이다. '잡다'라는 기준으로만 비교해 보면, catch는 주로 움직이고 있는 대상을 잡을 때, hold는 잡고 있거나 들고 있을 때 쓴다. grab은 '가볍게 집어 들다' 또는 '움켜쥐다'라는 의미에 가깝다.

날아오는 공을 잡는 것은 catch이지만, 공을 계속 들고 있으면 hold라고 한다. hold는 어떤 상태를 유지하고 있다는 느낌의 단어이다. grab은 catch보다 좀 더 먼저 움직여서 의도하고 잡았다는 뉘앙스를 가지고 있다. 잡는다는 의미만으로도 굉장히 다양하게 자주 쓰이는 단어이다. 휴대전화나 노트북을 쓰려고 집어 들거나, 장을 보면서 물건을 집어 들 때도 쓴다. 손을 잡을 때(grab her hand)도 쓰고 멱살을 잡을 때(grab him by the collar)도 쓴다. '내가 가져올게'를 "I'll grab it."이라고도 한다. 이와 같이 우리말 뜻, '잡다'로만 외우면 비슷한 단어의 의미 차이를 알기 어렵다.

우리말로는 구분하기 어려운 영어의 품사

우리말 번역으로는 품사 구분이 안 되는 문제도 있다. 특히 비슷한 의미의 접속사, 부사, 전치사를 구분하기 어렵다. 우리말로 그 차이를 표현할 수 없기 때문이다. 접속사 because를 예로 들어 보면 가장 잘 알 수 있다. 격식을 갖춰서 써야 하는 영어 글쓰기formal writing에서 because를 부사처럼 써 버린다. '왜냐하면'이라는 우리말 뜻이 왠지 부사의 느낌을 주기 때문이다. 1)에서처럼 문장 맨 앞에 쓰고 콤마comma를 붙여 쓴다. 소설이나 비격식적인 글informal writing에서는 콤마를 붙여 쓰는 걸 가끔 볼 수 있지만, 일반적으로 격식을 갖춘 글에서는 접속사에 콤마를 붙이지 않는다.

1) Because, I love reading. (×)

우리말 번역을 '~때문에'로 바꿔 보아도 접속사라는 의미를 살리기 어렵다. 이번에는 전치사처럼 쓰는 'because of(~때문에)'와 구분이 안 된다. 격식을 갖춘 글에서는 전치사 다음에 명사(구), 접속사 다음에는 주어와 동사를 쓴다. 이 둘의 품사를 의식적으로 구분하지 않으면 문장 구조에 오류가 생긴다. 물론, 비격식적인 글이나 구어체에서는 자유롭게 쓰는 사람들이 많다. Because 하나만 써서 의미를 전달할 수도 있고, because 다음에 명사만 쓰기도 한다. 비교적 최근에 나온 책 중에는 제목이 《Because Internet (by Gretchen McCulloch)》인 것도 있다. because를 전치사처럼 쓴 것이다.

접속사 but과 부사 however도 우리말 번역으로 품사 구분이 어렵다. 둘 다 '하지만' 또는 '그러나'로밖에 표현이 안 된다. 접속사와 부사로 구분해서 표현할 만한 우리말 단어가 없다. 접속사 but은 부사처럼 쓰고, 부사 however는 접속사처럼 쓰는 오류가 생긴다. 원어민들도 but을 문장 맨 앞에서 부사처럼 사용하는 경우가 많고, 요즘은 자연스럽게 받아들이는 분위기이다. 하지만 엄밀하게 말하면 but은 접속사이다. 주절 뒤에 오는 접속사절로 써야 한다. but으로 시작하는 문장을 쓰면 접속사절을 문장으로 쓴 것이 된다. 이와 비슷한 예로, 부사 'therefore(그러므로)'도 접속사로 쓰는 오류가 있다.

전치사를 접속사처럼 쓰기도 한다. 접속사 although와 전치사 despite는 '~에도 불구하고'라고밖에 표현이 안 된다. 우리말로는 이 둘의 품사를 구분할 방법이 없다. 접속사 although를 또 다른 접속사 but과 함께 쓰는 오류도 있다.

2) Although I was late, but I was able to enter the classroom. (×) 비록 늦었지만, 강의실에 들어갈 수 있었다.

2)는 한 문장에 접속사가 둘이나 있다. although 혹은 but 둘 중에 하나만 쓰면 된다. 보통의 경우, 두 개의 절이 있는 문장은 접속사가 하나만 있어야 한다. 이런 오류도 우리말 뜻으로 외우고 있는 영어 단어의 의미를 떠올리기 때문에 생긴다.

우리가 영어를 배울 때 겪는 대부분의 어려움은 우리말 뜻으로 외운 영어 단어 때문이라는 생각이 들 때가 많다. 영어 단어의 의미를 문맥 없이 우리말 뜻으로만 외우면 한영사전에서 제시하는 단어 중에 어떤 것을 선택해야 할지 몰라서 혼란스럽다. 제2의 채 썬 대파는 언제든지 또 등장할 수 있다. produce처럼 여러 가지 상황에 다양한 의미로 자주 쓰이는 기본 단어의 의미를 제한적으로만 알게 되는 문제도 있다. catch, hold, grab처럼 비슷한 단어의 의미 차이를 잘 몰라서 영어 표현이 어색하게 된다. 우리말 뜻으로는 접속사, 부사, 전치사의 품사 구분이 안 돼서 틀린 문장을 쓰기도 한다.

영어 원서를 읽는 것은 우리말 뜻으로 외웠던 단어의 의미와 쓰임을 다시 익히는 과정이다. 영어 단어의 의미를 잘못 외우고 있는 것도 있지만 우리말로 표현이 안 되는 경우가 있기 때문이기도 하다. 쉽고 재미있고 만만한 영어 원서를 읽으면 기본적인 영어 표현을 자연스럽게 익힐 수 있다. 의미 있는 상황meaningful context이 충분히 제공되기 때문에 읽으면서 저절로 학습하게 되고, 그 과정에서 영어가 더 자연스러워진다. 영어 말하기와 글쓰기에 필요한 기초를 튼튼히 쌓게 되는 것이다. 영어 원서 읽기로 진짜 영어와 다시 만나야 한다.

영어 단어는
경험으로 익혀야
진짜 아는 것

📓 경험과 데이터의 중요성

영어 단어의 의미를 사전이나 단어장에서 외우는 것과 경험으로 익히는 것은 전혀 다르다. 어떤 사람에 대해 들어서 알고 있는 것과 직접 만나서 겪어 보고 아는 것의 차이라고 생각하면 될 것 같다. 실제로 겪어 보니 듣던 것과 다르다는 경험을 한 적이 있을 것이다. 매일 얼굴을 마주하는 직장 동료도 함께 프로젝트를 해 보고 나서야 제대로 알게 되는 경우가 많다. 인사만 주고받으며 알고 지낼 때와는 다르다.

영어 단어도 실제로 어떻게 쓰이는지 경험해 봐야 제대로 알게 된다. 익숙한 기본 단어일수록 더 그렇다. 단어를 경험으로 배운다는 것은 다양한 쓰임을 익힌다는 것과 핵심 의미를 알게 된다는 뜻이다. 실제로 어떻게 쓰이는지 계속 접하다 보면 자주 쓰이는 단어의 의미를 정확하게 이해할 수 있다. 자주 쓰이는 단어는 그만큼 쓰임이 다양하다. 다양한 쓰임은 설명을 듣는 것보다 경험으로 익히는 것이 훨씬 효과적이다. 경험으로 익힌 단어는 말하기나 글쓰기를 할 때 자연스럽게 나온다. 기억에 더 오래 남기도 한다. 다양하고 의미 있는 상황 안에서 익혔기 때문이다.

우리나라에도 잘 알려진 로맨스 작가, 콜린 후버Colleen Hoover의 소설은 동작을 묘사하는 기본 동사 표현을 익히기에 좋다. 같은 단어를 여러 상황에 자주 써서 다양한 쓰임을 접해 볼 수 있기 때문에 영어 원서 읽기가 어느 정도 익숙해진 분들에게 권하고 싶은 작가 중 한 사람이다. 로맨스를 안 좋아하는 사람도 빠져들게 만드는 독특한 주제와 전개 방식 덕분에 몰입해서 읽기 좋다. 이 작가의 책은 문체도 쉬운 편에 속한다.

콜린 후버의 책을 읽다 보면 pull을 유난히 자주 보게 된다. 내가 아는 범위에서 pull을 가장 많이 쓰는 작가가 아닌가 하는 생각이 들 정도이다. 마크 데이비스Mark Davies와 디 가드너Dee Gardner는 그들의 저서, 《A frequency dictionary of contemporary American

English: Word sketches, collocates, and thematic lists》에서 소설에 나오는 고빈도high frequency 어휘를 품사별로 분석해서 보여 준다. 동사를 빈도순으로 나열했을 때 pull은 5위를 차지할 만큼 자주 쓰이는 동사이다. 우리는 주로 '당기다'라는 뜻으로만 알고 있는 단어이기도 하다.

　콜린 후버의 소설,《잃어버린 희망Hopeless》을 읽으면서 pull이 들어간 문장을 모두 찾아보니, 매우 다양한 상황에서 쓰이고 있었다. 그중에서도 시선 처리나 몸의 움직임을 나타낼 때 쓴 표현 중에서 예문을 골라 봤다.

pull my gaze away 시선을 다른 곳으로 돌리다

pull his hand away 손을 치우다

pull myself up from the floor 바닥에서 몸을 일으키다

pull back (포옹했다가) 몸을 떼다/뒤로 물러나다

A smile pulls at the corners of his mouth. 입가에 미소를 짓는다.

입가에 미소를 짓는 모습에도 pull을 쓴다. 입의 근육이 움직이니까 pull을 쓴다고 추측해 볼 수 있다. 소설을 읽다 보면 웃는 모습을 묘사할 때 쓰는 것을 가끔 보게 된다.

　pull은 자동차를 운전하는 것과 관련해서도 자주 쓰인다. 운전

을 하고 가다가 차를 길 한쪽에 댈 때는 pull over, 차를 멈출 때는 pull up이라고 한다. 자동차 진입로에서 빠져나올 때는 pull out of the driveway라고 한다. 게다가 이런 표현들이 한 가지 의미만 있는 것이 아니다. pull over는 머리부터 넣어서 아래로 잡아당겨 옷을 입는 동작이나 그렇게 입어야 하는 스웨터 pullover 종류를 의미할 때도 있다. 또 휴대전화 화면에 나타나는 모습도 pull up이라고 표현할 수 있다. 저장된 연락처나 사진이 화면에 뜨는 모습을 떠올려 볼 수 있다. 뭔가를 꺼낸다고 할 때 pull out이라고 하는 것도 자주 보게 된다.

이쯤 되면 pull의 의미가 떠오를 것이다. 움직임을 나타낼 때 쓰는 동사라는 이미지가 연상된다. 어떤 상황에서 어떤 의미로 쓰이는지 경험하게 되면 기본 단어의 다양한 쓰임을 알게 되는 것 외의 소득이 하나 더 생긴다. 자주 쓰이는 기본 단어의 핵심 의미를 깨닫게 된다. pull을 '당기다'라는 뜻으로만 외우고 있으면 다양한 상황에 활용하지 못할 것이다.

경험을 통해 단어의 쓰임과 의미를 익히게 되면 비슷한 단어의 의미 차이를 아는 데에도 도움이 된다. 이번에는 《잃어버린 희망》에서 움직임을 나타낼 때 자주 쓴 또 다른 동사, slide에 대해서 알아보자. slide 또한 우리에게 익숙한 단어이다. 현미경을 볼 때 쓰는 슬라이드, 발표할 때 파워포인트 PowerPoint 화면을 의미하는 슬라이드 등이 생각날 것이다. 콜린 후버는 사물의 움직임이나 사람의 동작을 나타낼 때 slide를 자주 쓴다. 앞에서 언급한 pull의 쓰임과 비교해 보기 위해 이번에는 더 많은 예문을 가져와 보았다. 실제로는 pull을 쓴 문장이 훨씬 더 많았다.

the drops are **sliding** down his face 물방울이 얼굴을 타고 흘러내리다

slide him the glass of water 그에게 (테이블 위에서) 물컵을 밀어주다

slide off the bed 침대에서 미끄러지듯이 내려오다

slide them off 신발을 벗다(them → shoes)

slide my sleeve up 소매를 걷어 올리다

slide it on/onto my wrist 팔찌를 손목에 끼다(it → bracelet)

slide his finger across it 손가락으로 (스마트폰) 화면을 넘기다

slide his fingers through mine 내 손가락과 깍지를 끼다

slide one arm under my pillow 베개 밑으로 한 팔을 넣다

slide my hand to the other side of the bed
손으로 침대 옆자리를 쓸어 보다(사람이 옆에 있는지 없는지 확인할 때의 동작)

 pull처럼 움직임을 나타내는 면에서는 비슷하지만, slide에는 '표면을 타고 스르륵 움직이다'라는 의미가 더 있다. 'slide down the slide(미끄럼틀을 타다)'라는 표현을 떠올리면 이해가 쉬울 것이다.

《잃어버린 희망》에서 pull, slide와 비슷한 의미로 자주 보게 되는 동사가 slip이다. 빈도순으로 보자면 pull, slide, slip 순서로 많이 등장했다. slip을 쓴 표현을 여러 가지 골라 봤다. 책을 읽는 동안 문맥 안에서 만나면 의미를 이해하기 더 쉽다.

slip off his shoes 신발을 벗다

slip his shoes back on 신발을 다시 신다

slip his hand behind my neck 손을 내 목 뒤로 가져가다

slip my fingers through his 그의 손가락과 깍지를 끼다

slip it on over my head (옷을) 머리 위에서부터 내려 입다

slip his arms around me 나에게 팔을 두르다

slip his arm through mine 나에게 팔짱을 끼다

slip his arm from mine 나한테서 (팔짱 끼었던) 팔을 빼다

slip it into my pocket 내 주머니에 넣다

slip past me 나를 지나쳐서 가다

slip 또한 동작을 나타낼 때 slide와 비슷한 의미로 표면을 타고 움직이는 모습을 묘사할 때 쓰는 경우가 많았다. 영영사전에서도 slip의 뜻을 설명하기 위해 slide를 사용하고 있는 문장을 볼 수 있다. 차이가 있다면 slide와는 달리 '재빨리/슬며시/살짝 ~을 하다'

라는 의미가 더 있고, 의도하지 않은 실수로 어떤 일이 일어났다는 부정적인 의미도 있다.

the word slips from my mouth 그 말이 실수로 내 입에서 튀어나오다

if I wouldn't have slipped and told him I was attracted to him 그에게 반했다는 말을 실수로 내뱉지 않았더라면

slip이 말실수에 대해서만 쓰이는 것은 아니다. '그는 (실수로) 얼음에 미끄러져 넘어졌다'라고 할 때에도 "He slipped and fell on the ice."라고 하는 것처럼 움직임에 대해서도 쓴다. slide는 의도한intentional 경우에 쓰고, slip은 의도하지 않은unintentional 경우에 쓴다는 차이가 있다. 따라서 실수로 바나나를 밟고 미끄러졌다고 할 때는 slip on a banana peel이라고 한다. 이럴 때는 slide보다 slip이 더 어울린다.

지금까지 《잃어버린 희망》에서 동작을 나타낼 때 자주 쓴 동사 세 가지, pull, slide, slip의 비슷한 점과 차이점을 살펴봤다. 단어가 실제로 어떻게 쓰이는지 자주 접해야 데이터가 쌓이고 익숙한 단어의 쓰임과 의미를 제대로 알 수 있다. 책을 읽는 동안 움직임을 나타내는 이 세 가지 동사의 의미를 상황 속에서 접하면 기본적인 의미를 자연스럽게 알 수 있고, 비슷한 단어의 의미 차이도 저절로

알게 된다.

외국에서 살아 본 경험이 없는 사람들은 스스로 다양한 쓰임을 접해 볼 수 있는 환경을 만들어야 한다. 기본 단어의 다양한 쓰임을 의미 있는 상황에서 접해 보지 못하면 쉽고 익숙한 단어를 오히려 못 쓰게 된다. 쉽고 익숙한 단어는 잘 알고 있다고 착각하기 쉽기 때문이다. 자주 쓰이는 쉬운 단어는 그만큼 다양한 경우에 쓰인다는 뜻이다. 자주 쓰이는 기본 단어일수록 의미 있는 상황 안에서 경험을 통해 익혀야 한다. 그래야 실제로 쓸 수 있는, 진짜 아는 단어가 된다.

머릿속에서 잠자는
영어 표현 깨우기

 알고 있는 것과 실제로 접하는 것

잘 알고 있는 영어 표현인 줄 알았는데 사실은 잘 모르고 있었다는 것을 실제 상황에서 접해 보고 나서야 깨닫게 될 때가 있다. 단어나 숙어를 외워 두기만 하고 실제로 어떻게 쓰이는지 경험을 못해 봤기 때문이다. 분명히 알고 있던 표현이었음에도 실제 상황에서 접했을 때 갑자기 의미가 생각나지 않기도 한다. 그래서 듣거나 읽을 때 전혀 다른 의미로 이해될 때가 있다. 다음은 외국인 남편과 결혼하고 캐나다에 사는 지인에게 들은 이야기이다.

지인 영숙아, 내가 글쎄 not until 때문에 크리스마스 때 시댁에 못 갈 뻔했지 뭐니!

지인의 시어머니는 크리스마스가 되면 항상 초대를 하셨다고 한다. 그런데 이번엔 어쩐 일인지 크리스마스 다음 날 오라고 신신당부하셔서 의아하게 생각했다. 바쁜 일이 있으신가 보다 하고 크리스마스 날 집에 있었는데 전화가 왔다. 왜 안 오냐고.

사연은 이러했다. 시어머니가 "Don't come until Thursday!"라고 말씀하셔서 금요일에 가야겠다고 생각했다. 목요일까지 오지 말라는 말로 이해한 것이다. 하지만 이 말은 목요일에 오라는 뜻이었다. 그 전에 올 필요는 없고 크리스마스 날인 목요일에나 오라는 시어머니의 당부였던 것이다.

'not A until B'를 'B가 되어서야 비로소 A하다'로 열심히 외우긴 했지만, 상황 안에서 접해 본 적이 없었다. 이 표현은 우리가 학창 시절 열심히 외웠던 그 의미가 맞다. 다음의 문장을 보자.

I didn't finish my homework until this morning.
오늘 아침이 되어서야 숙제를 끝냈다.

Your school bus doesn't come until eight.
학교 버스는 8시가 돼야 온다.

He said he wouldn't be back until late.
그는 늦은 밤에나 돌아올 거라고 말했다.

A: Mom, can I eat the chocolate? 엄마, 저 초콜릿 먹어도 돼요?

B: Not until after dinner. 저녁 먹고 난 후에나 먹을 수 있어.

이처럼 not until은 until 다음에 언급된 시간이 되어야만 비로소 어떤 일이 일어난다는 뜻이다.

나도 비슷한 경험이 있다. 오래전에 엘리베이터 앞에서 만난 외국인이 어떤 사무실의 위치를 묻길래 알려 주었다. 그 층의 복도 끝에 있는 사무실이었다. 그런데 그 외국인이 "Down the hall?" 이라며 다시 확인하는 질문을 했다. 바로 저쪽 복도 끝에 있다고 정확히 알려 주었는데 왜 아래층이냐고 묻는 거지? "No, no, no, this floor. Right over there!"하고 손가락으로 가리키면서 대답하던 중에 생각이 났다. '참! down the hall은 이 복도 저쪽 아래를 말하는 거지!'

분명히 아는 표현인데도 그 순간에는 down의 의미를 수직 방향의 아래로만 떠올린 것이다. down은 수평 방향에서도 쓴다. 예를 들어, walk down the street라고 하면 '길을 따라 걸어가다'라는 의미이다. 길 저쪽으로 걸어가기 때문에 down the street로 표현한다. walk down the hall도 마찬가지로 복도를 따라 걸어간다는 말이다. walk down the aisle은 '결혼하다'라는 뜻이다. 결혼식장에서 가운데 나 있는 통로를 따라 신랑 신부가 걸어가기 때문이다.

학생 때의 일이니 많은 시간이 지났지만, 이 기억은 잊히지 않는다. 그때도, '영어는 상황 안에서 직접 접해 보는 경험이 꼭 필요하구나' 하는 생각을 했었다. 알고 있는 것과 실제로 접하는 것은 다르다. 의미 있는 상황 안에서 실제로 접해 보고 나서야 무슨 뜻인지 정확히 알게 된다. 알고 있다고 생각했던 영어 표현의 의미를 뒤늦게 깨닫게 되는 경우가 생각보다 많다.

원어민이 하는 말을 들을 때뿐 아니라 읽을 때도 비슷한 경험을 한다. 영어책을 읽게 되면, '알고 있다고 생각했던 표현이 사실은 이런 뜻이었구나' 하는 깨달음이 온다. 읽는 동안, 어떤 상황에서 어떤 의미로 쓰이는지 계속해서 접하기 때문이다. 이런 과정을 통해 영어를 배우면 자신도 모르는 사이에 표현이 자연스러워진다.

지금 우리의 머릿속에는 잠자고 있는 수많은 영어 표현들이 있다. 잠자는 영어 표현들을 깨우는 방법은 간단하다. 예전에 외웠던 표현들을 실제로 접하면서 다시 익히는 것이다. 열심히 외워 두었던 수많은 영어 표현들을 불러내서 활용해 보자. 실제로 어떻게 쓰이는지 듣거나 보게 되면 비로소 그 의미와 쓰임을 상황에 맞게 적절히 이해하고 쓰게 된다. 듣기를 통해서든 읽기를 통해서든 자주 만나야 한다. 영어 듣기로 영어 표현을 배울 정도가 되려면 읽기를 먼저 많이 해 두는 것이 좋다. 읽고 이해할 수 있으면 듣는 것이 훨씬 더 수월해진다.

영어 원서를 읽으면 우리가 이미 외워 둔 수많은 표현이 실제로 어떻게 쓰이는지 다양한 상황에서 접해 볼 수 있다. 자꾸 접하다 보면 잠자던 영어가 깨어나는 경험을 하게 될 것이다. 머릿속에서 잠자는 수많은 영어 표현들이 적절한 기회만 만나면 된다. 이 맛에 영어 원서를 읽는지도 모르겠다.

📓 문법 규칙보다 더 중요한 건 의미

영어 원서를 읽다가 깨달은 것이 있다. 언어는 규칙보다 의미가 먼저라는 사실이다. 의미가 우선이기 때문에 예외적인 표현도 생겨난 것이다. 기본적으로 지켜야 하는 문장 구조와 규칙은 있지만 어떤 의미를 나타내고 싶은지에 따라 표현 방식은 달라질 수 있다.

부정어를 사용하는 방식을 볼 때 의미가 규칙보다 우선이라는 것을 가장 많이 떠올리게 된다. 먼저, 이중 부정문을 살펴보자. 이중 부정문은 한 문장 안에 두 개의 부정어를 같이 쓰는 것을 말한다. not이나 never 외에 또 다른 부정어(no, hardly, nobody, no one, none, nothing, 반대말 접두사 un-이나 in-이 붙은 단어들)와 함께 쓴다. 보통, 이중 부정문은 긍정의 의미를 나타낸다. 두 개의 부정어가 부정의 의미를 상쇄시키기 때문이다. 예를 들어, I'm not unhappy는 결국, I'm happy의 뜻이 된다.

흥미로운 것은, 부정의 의미를 강조할 때도 이중 부정문을 쓴다는 것이다. 아이들 책이지만 성인이 읽어도 감동적이었던 책《비밀의 숲 테라비시아^{Bridge to Terabithia} (by Katherine Paterson)》와 영화를 보는 듯한 몰입감을 주는 책《당신이 남긴 증오^{The hate you give} (by Angie Thomas)》에서 다음의 표현을 가져왔다. 이 두 작품에는 이중 부정문이 많이 나온다.

Jess ain't got no girl friend. 제스는 여자 친구 진짜 없어요.

You don't want us to have no fun at all.
(엄마는) 우리가 즐거운 시간 보내는 걸 전혀 원하지 않는다.

《Bridge to Terabithia》중에서

he ain't going nowhere 그는 절대 아무 데도 안 갈 거야

you ain't a gangster no more 너는 이제 절대 깡패가 아니야

《The hate you give》중에서

여기서 부정어 두 개는 긍정의 의미를 나타내는 것이 아니고 부정의 의미를 더 강조한다. 책을 읽는 동안 문맥 안에서 만나면 의미를 더 확실하게 알 수 있다. 물론, 이런 종류의 이중 부정문은 표준어로 인정받지 못하고 있다. 교육받지 못한 사람들이나 흑인들의 언어로 간주한다.

부정어 중 irregardless of도 이와 비슷하다. 원래 'regardless of(~에 상관없이)'라고 해야 한다. 그런데도 반대말 접두사 ir-을 붙여서 부정의 의미라는 것을 더욱 강조한다. 이와 반대의 경우도 있다. '전혀 신경을 안 쓰다'라는 의미의 I could care less는 부정문 I couldn't care less에서 왔다. 이 두 문장은 같은 말이다. 격식을 갖추어서 말하거나 글을 쓸 때에는 원래의 표현인 regardless of와 I couldn't care less를 쓰는 것이 좋다.

부정어의 위치도 전달하려고 하는 의미에 따라 달라진다. 부정문에서 never의 위치가 어떻게 달라지는지 보면 알 수 있다. 어떤 의미를 강조하고 싶은지에 따라 위치가 다르다. 다음의 예문은 믿고 보는 작가, 콜린 후버의 책《Regretting you》에서 가져왔다.

1) I've **never** been on a date with anyone else.
   다른 사람과는 데이트를 해 본 적이 없다.

2) Clara would have **never** forgiven them.
   클라라는 그들을 절대 용서하지 않았을 것이다.

3) I never would have betrayed my own sister.
내 동생을 배신하는 일은 절대 하지 않았을 것이다.

1)은 우리에게 가장 익숙한 위치다. 현재 완료 시제에서 never 가 가운데 오는 경우이다. 2)와 3)은 더 강조하고 싶은 단어 앞에 쓴 것을 볼 수 있다. 어떤 부분을 강조하고 싶은지에 따라 never의 위치가 다르다. 1)도 never have been이라고 표현할 수 있다.

이와 비슷한 경우로 'not to 동사'와 'to not 동사' 어순도 있다. 다음은《월플라워The perks of being a wallflower (by Stephen Chbosky)》의 일부다. 여운이 길었던 책이다. 몰입감도 좋고 편지글 형식으로 되어 있어서 구어체 영어를 접해 볼 수 있다.

4) I also told you not to tell Mary Elizabeth she was pretty
메리 엘리자베스에게 예쁘다는 말을 하지 말라고도 했잖아

5) my mom told my brother to not use such language in front of me
엄마는 형에게 내 앞에서 그런 말을 쓰지 말라고 했다

우리에게는 4)처럼 'not to 동사' 어순이 더 익숙하지만, 실제로는 5)처럼 'to not 동사'로도 쓴다. not의 위치는 말하는 사람이 어떻게 표현하고 싶은지에 따라 달라질 수 있다.

부정어를 사용하는 방법뿐 아니라, 단어를 선택할 때도 규칙보다 의미가 먼저다. between은 두 개에 쓰고 among은 세 개 이상에 쓴다는 규칙이 있다. 그러나 실제로는 between을 세 개 이상에도 쓰는 것을 자주 볼 수 있다. 다음은 콜린 후버의 작품《컨페스Confess》에서 일부를 가져왔다. 이 작가의 작품은 로맨스만 다루지 않고 책마다 메시지가 있는 주제를 하나씩 다루는 특징이 있다. 《컨페스》는 두 남녀 주인공의 교차 시점으로 전개되는 소설이기도 하다.

6) Emory had a choice between three apartments
에모리는 세 개의 아파트 중에 선택할 수 있었다

7) I spend the entire next day dividing my attention between my father, the canvas, and the occasional walks I take around the hospital.
나는 다음 날을 아버지, 캔버스, 그리고 병원 주변을 가끔 산책하는 것에만 신경을 쓰며 보낸다.

영어 사용법에 관한 원서에서도 between을 세 개 이상에 쓴다고 언급한 예를 쉽게 찾아볼 수 있다. 마이클 매카시Michael McCarthy는 자신의 저서《Grammar and usage》에서 격식을 갖춰서 써야 하는 경우가 아니라면 얼마든지 쓰라고 말한다. 하버드대 교수인 스티븐 핑커 Steven Pinker 도 《The sense of style》에서, 학생들이 between은 두 개에, among은 두 개보다 많을 때 쓰라고 배우지만 이건 반만 맞는 말이라고 단언한다. among은 두 개를 대상으로 쓰지 않지만, between은 두 개 이상에도 쓰기 때문이다. 숫자만 기준으로 between 대신 among을 쓰면 얼마나 어색한지 예를 들어 보여 준다. 'I never snack among meals(식사와 식사 사이에 절대 간식을 먹지 않는다)'라고 하거나 'I've got sand among my toes(발가락 사이사이에 모래가 끼어 있다)'라고 하는 경우다. 이런 의미로 among을 쓰는 사람은 아무도 없다고 한다. 둘 다 between을 써야 맞다. between을 써야 전달하고자 하는 의미가 명확해질 때는 숫자보다 의미를 선택한다. between은 개체를, among은 전체를 더 강조하는 표현이기 때문이다.

사람들이 문법 규칙보다 의미를 더 중요하게 생각한다는 것을 보여 주는 좋은 예가 또 있다. 스티븐 핑커는 《언어본능 The Language Instinct》에서 동사 fly out을 예로 들었다. 야구에서는 과거형을 flew out 대신에 flied out으로 쓴다고 한다. 명사 fly의 의미를 그대로 살리기 위해서이다. 야구에서 fly ball은 '높이 친 공'을 말한다. 그래서 fly out은 타자가 공을 너무 높이 쳐서 아웃이 될 때 쓰는 표현이다. 원래의 의미를 살리기 위해 fly의 발음이 그대로 살아있는 동사 변화를 선택한 것이다.

'거짓말하다'와 '눕다'라는 두 가지 의미가 있는 동사 lie도 이와 비슷하다. 과거형이 의미에 따라 달라진다. 의미 전달을 더 명확하게 하기 위해서이다. '거짓말하다'라는 의미로는 과거형이 lied이고 '눕다'는 과거형이 lay이다. '눕다'라고 할 때도 과거형을 lied로 쓰면 거짓말을 했다는 것인지 누웠다는 것인지 의미가 모호해지는 문제가 생긴다. 의미를 명확하게 전달하기 위해 과거형을 다르게 표현하는 것이다. 학생 때 외웠던 내용을 떠올려 보자.

현재	과거	과거분사
lie 거짓말하다	lied	lied
lie 눕다	lay	lain

그런데 실제로 원어민들이 lie의 과거형을 쓰는 방식은 또 다르다. 영어 원서를 읽다 보면 '눕다'라는 의미의 과거형을 8)에서처럼 laid로 쓰는 걸 볼 수 있다. 원래는 lay를 쓰는 게 맞다.

8) I laid there as the sun came up
태양이 떠오를 때 나는 거기에 누워 있었다

《Daisy Jones & The Six (by Taylor Jenkins Reid)》 중에서

laid를 쓰는 건, 과거형 lay에 'd' 발음을 더 추가한 것은 아닌지

추측해 볼 수 있다. 과거형 동사 stayed, focused, moved 같은 느낌을 내는 것이다. 'd' 발음으로 끝내면 과거라는 의미를 좀 더 확실하게 전달하는 느낌을 준다. 원어민들도 비슷하게 생긴 동사의 과거형이 헷갈려서 그런 것일 수도 있다. '~에 …을 놓다'라는 의미가 있는 타동사 lay의 과거형이 같은 형태인 laid이기 때문이다. 하지만 원어민들이 원래의 표현과 다른 것을 굳이 선택하는 예외적인 경우는 대부분 의미 전달을 좀 더 명확히 하기 위해 강조하는 경우일 때가 많았다.

그 외에도 사람들이 규칙보다 의미를 우선으로 생각하기 때문에 나타나는 표현은 정말 많다. 많은 예 중에 몇 가지만 언급한 것이다. 언어를 사용할 때 규칙보다 의미를 우선시하는 것은 자연스러운 현상이라는 생각이 든다. 언어는 의미를 전달하기 위해 쓰는 도구이기 때문이다.

원어민들은 어떤 의미를 전달하고 싶은지를 중요하게 여기면서 자유롭게 자신의 언어를 사용한다. 영어를 배우는 우리가 정해진 문법 규칙에만 매몰되어 있으면 영어를 배우고 활용하기가 더 어려워진다. 전달하고자 하는 의미가 문법 규칙보다 먼저라고 생각해야 좀 더 편안한 마음으로 영어를 배우고 쓸 수 있다.

영어 원서 읽기가
바꿔 놓은
나의 수업 방식

 문법보다 중요한 의미 전달

영어 원서를 정독하기 시작하면서 나에게 큰 변화가 생겼다. 학생들의 문법 오류에 대해 관대해진 것이다. 예전에는 문법적으로 완벽한 문장을 쓰는 것이 중요하다고 생각했다. 학생들의 영어 글에서 오류라고 생각되는 부분을 밤새워 열심히 고쳐 주었다. 수업 시간에 학생들이 쓴 문장에서도 틀린 것부터 눈에 들어왔다. 오류를 지적하고 고쳐 주는 것이 내가 해야 할 일이라고 굳게 믿고 있었다.

요즘은 학생들이 쓴 글에서 심각한 오류만 고쳐 준다. 잘못 쓴 것보다 잘 쓴 영어 표현이 먼저 보인다. 반드시 수정할 필요가 있는, 흔하고 심각한 오류에 대해서만 간단히 설명한다. 영어 문법에 대한 나의 관점이 바뀌었기 때문이다.

영어 원어민도 우리 기준에서 문법에 어긋난 표현을 생각보다 많이 쓴다. 학교 다닐 때 few/fewer는 셀 수 있는 명사(주로 복수 명사) 앞에 쓰고 little/less는 셀 수 없는 명사(주로 단수로 표현되는 명사) 앞에 써야 한다고 배웠다. 요즘에도 문법책에서 볼 수 있는 내용이다. 하지만 원어민들은 이 규칙을 엄격하게 지키지 않는다. fewer를 써야 할 곳에 less를 자주 쓴다.

메리엄 웹스터Merriam-Webster 온라인 사전에서도 이 둘의 구분이 명확한 것이 아니라고 설명하고 있다. 원래는 다음과 같이 우리가 알고 있는 규칙대로 이 둘을 구분해서 써야 한다.

fewer choices 더 적은 선택	fewer problems 더 적은 문제
less time 더 적은 시간	less effort 더 적은 노력

하지만 복수 명사에 다음과 같은 표현도 쓴다는 설명이 나와 있다. 원래의 규칙과 달리 less를 쓰는 것이다.

250 words or less 250 단어 이하	3 items or less 3개 이하
less than $20 20달러 미만	less than 3 miles 3마일 미만

숫자와 관련된 경우가 아니라도 원어민들이 복수 명사 앞에 less를 쓰는 것을 자주 볼 수 있다. 메리엄 웹스터 사전은 'make less mistakes(실수를 덜 하다)'라는 표현을 예로 들면서, 격식을 갖춘 글에서는 복수 명사 앞에 fewer를 쓰라고 권한다. 이 말은 실제로 원어민들이 복수 명사 앞에 less를 쓰는 것을 흔하게 볼 수 있다는 뜻이기도 하다.

원어민들이 fewer보다 less를 선호한다는 것은 잘 알려진 사실이다. 《English grammar: The basics (by Michael McCarthy)》에 따르면 2008년에 영국의 주요 슈퍼마켓 체인점이 '10 items or less(10개 이하)'를 'up to 10 items(10개까지)'로 바꾼 일화는 유명하다. 문법이 틀린 표현을 쓴다는 지적을 받고 나서였다. 10 items or less는 10개 이하의 물건을 산 사람들을 위한 소량 계산대에 쓴 표현이었다. 문법에 맞게 바꾸려면 10 items or fewer라고 써야 한다. 하지만 그들은 up to 10 items를 선택했다.

메리엄 웹스터 사전은 fewer와 less를 구분해서 사용하게 된 배경도 설명하고 있다. 로버트 베이커Robert Baker라는 사람이 명사에 따라 구분해서 쓰는 것을 더 선호한다고 밝혔기 때문이라고 한다. 그 이후로 문법 규칙이 되어버렸다. 훨씬 오래전부터 사람들이 자연스럽게 써 왔던 것과는 다른 규칙이 탄생했다. 사실 알고 보면 원어민들은 원래의 쓰임대로 쓰고 있는 것이다. 문법은 같은 언어를 사용하는 사람들 사이의 약속이라고 할 수 있다. 그런데 그 규칙이 이렇게 우연히 생겨나기도 하고, 생각보다 엄격하게 지켜지지도 않는다.

더 재미있는 건 이미 비교급인 less를 또다시 비교급으로 만들어 쓰는 것이다. 다음은 초베스트셀러 《가재가 노래하는 곳Where the crawdads sing (by Delia Owens)》에 나오는 표현이다. 여운이 오래 갔던 책이다. 독서 모임에서 읽으면 토론할 거리가 많아서 추천하는 책이기도 하다.

> a lesser-known poet 별로 유명하지 않은 시인(덜 알려진 시인)
> a lesser male 더 약한 수컷

의미 전달에 문제가 없으면 틀린 문법을 쓰기도 한다. 복수 명사를 쓸 때 There are 대신 There's로 쓰는 것도 흔히 볼 수 있다. 다음의 문장은 쉬운 문체의 소설을 쓰는 작가, 주얼 파커 로즈Jewell Parker Rhodes의 《Ghost boys》에서 가져왔다.

> I open some-there's stickers saying THIS BOOK BELONGS TO Sarah Moore.
> 몇 권을 펼쳐 보니 이 책은 Sarah Moore의 것이라고 쓰여 있는 스티커가 있다.

There's always empty chairs near me. 내 근처에는 항상 빈 의자가 있다.

'~에 …이 있다'라고 말하는 'There is/are'라는 표현은 원래 be동사 다음에 단수 명사와 쓸 때만 There is라고 써야 한다. 테드(ted.com)에 나오는 강연자들도 'There's 복수 명사'로 말하는 것을 종종 들을 수 있다.

이처럼 영어에는 우리가 생각하는 문법 규칙과 다른 표현이 정말 많다. 게다가 원어민들도 문법 실수를 한다. 《거의 모든 것의 역사A Short History of Nearly Everything》라는 번역서로 우리나라에도 잘 알려진 저자, 빌 브라이슨Bill Bryson은 《The mother tongue: English and how it got that way》에서 전문가들도 영어 문법을 틀린다고 지적한 적이 있다. 잘 알려진 책 중에 주어 동사 일치가 안 된 문장들을 출처와 함께 예를 들어 보여 주고 있다. 주어 동사 일치는 단수 주어에는 단수 동사, 복수 주어에는 복수 동사를 쓰는 것이다. 미국의 조지 부시George W. Bush 대통령이 "Is our children learning?"이라고 했다는 문법 실수는 유명하다.

우리는 영어 시험을 치르면서, 틀리는 것은 안 좋은 것이라는 암시를 받으며 자라 왔다. 단어 시험, 문법 시험 등을 볼 때마다 틀리지 않으려고 애를 써야 했다. 사실 한국어 원어민인 우리도 항상 문법이 완벽한 말만 하는 건 아니다. 문법이 좀 틀리더라도 영어라는 도구를 적극적으로 활용하는 것이 더 생산적인 활동이라고 생각한다.

나도 영어 문법을 좀 더 가볍게 생각하기까지 오랜 시간이 걸렸다. 문법책을 열심히 읽으면서 내 머리에 각인되다시피 했던 문법 규칙들을 영어 원서를 읽으면서 좀 더 유연하게 받아들이게 되었다. 문법을 틀리는 것에 대한 관점이 바뀌고 나니 수업 방식에도 변화가 생겼다. 학생들의 문법 오류를 일일이 고치려는 습관을 과감히 버렸다. 문법을 틀리는 것에 대해 조금만 자신에게 너그러워져도 영어가 더 빨리 는다는 것을 나도 경험으로 깨달았기 때문이다. 어떤 관점으로 영어를 대하느냐가 생각보다 큰 차이를 가져온다.

영어는 생각보다 문법 규칙에 아주 엄격한 언어가 아니다. 그렇다고 해서 문법이 중요하지 않다거나 틀린 문법을 마구 써도 된다는 말이 아니다. 어떤 의미를 전달하고 싶은지를 더 중요하게 생각하는 언어라는 느낌을 받을 때가 많다는 뜻이다. 영어는 우리가 생각하는 것보다 문법에 대해 훨씬 더 유연한^{flexible} 언어이다.

쉽고 재미있고 만만한
영어 원서 읽기의 힘

20년차 전업주부가
영어 소설을
술술 읽게 된 비결

 ## 쉬운 그림책 읽기의 힘

우리 올케는 영어 공부를 따로 해 본 적이 없는데도 영어를 잘한다. 가끔 올케에게 영어에 관한 질문을 받으면 그 깊이에 놀랄 때가 있다. 영어 표현도 자연스럽다. 대학 때 영어 전공도 아니었고, 외국에서 살아 본 적도 없다.

우리 올케가 영어를 잘하게 된 비결은 바로 쉬운 영어책을 많이 읽은 덕분이다. 아이들에게 그림 동화책과 짧은 영어책을 열심히 읽어 준 것밖에 없다. 어느새 자신도 모르는 사이에 영어가 늘어 있었다. 글자 수가 많은 그림책을 읽을 수 있을 정도면 문체가 어렵지 않은 영어 소설도 충분히 읽을 수 있다. 그림책이라고 해서 다 쉬운 것은 아니다. 소설책에 나오는 문장 못지않게 문장이 길고 단어의 수준이 높은 그림책도 많이 있다. 쉬운 그림책부터 시작해서 읽다 보면 더 어려운 그림책도 읽을 수 있다.

몇 년 전에 올케가 영어 공부 모임에서 엄마들과 함께 영어 소설을 읽고 있다는 소식을 들었다. 제일 처음에 읽은 책은 신경숙 작가의 《엄마를 부탁해Please look after Mom》 번역본이었다. 그다음으로는 《원더Wonder (by R.J. Palacio)》를 읽었다. 두 권을 읽고 난 후에 읽은 책을 더 알려 달라고 했더니 이렇게 다섯 권을 알려 줬다.

모두 문체가 쉬운 편이고 감동적인 책들이다. 그동안 읽은 영어 원서 일곱 권 중에 가장 좋고 감동적이었던 건 《원더》였다고 한다. 우리말을 영어로 옮긴 책을 읽은 다음에 읽으니 영어가 더 자연스 럽게 느껴지기도 했고, 엄마의 마음으로 읽었기 때문이었다. 요즘 원서 읽기에 관심 있는 사람들 사이에서 인기가 많은 책인 것이 실 감났다. 가장 재미있게 읽었던 건 《어느 뜨거웠던 날들One crazy summer (by Rita Williams-Garcia)》이라는 답을 들었다.

영어 원서를 읽는 동안 별 어려움이 없었다고 한다. 《엄마를 부 탁해》를 읽을 때는 단어를 많이 찾아봤지만, 나머지 책은 찾아본 단어도 많지 않았다. 아이들에게 그림 동화책과 짧은 이야기책을 열심히 읽어 준 것밖에 없는데 어느새 영어 원서를 술술 읽을 정도 의 실력을 갖추게 된 것이다.

우리 올케는 아이들이 어릴 때부터 책 읽기에 신경을 많이 썼 다. 한글 책과 영어 그림책을 매일 읽어 주었다. 토종 한국인의 영 어 발음이지만 아이들에게 책 읽어 주는 것을 망설이지 않았다. 낮 에는 아이들과 놀면서 읽어 주고, 밤이면 재우면서 읽어 주었다. 주로 간단한 그림 동화책들이라 금방 읽을 수 있었다. 아이들이 커가면서 읽어 주는 영어 그림책의 글자 수가 조금씩 많아졌다. 그림 동화책부터 짧은 책까지 쉬운 영어책을 소리 내서 읽어 주었다.

조카 셋이 모두 엄마가 읽어 주는 영어책을 듣고, 영어 만화를 보면서 영어와 친숙해졌다. 영어 노래와 오디오북도 많이 들었다. 다들 영어를 곧잘 한다. 세 아이 모두 성향도 취향도 다르지만, 엄마가 영어책 읽어 주는 것과 영어 만화 보기, 영어 CD 듣기로 영어를 배웠다는 공통점이 있다. 영어 학원도 다니지 않았다. 아이들은 주어, 동사, 전치사, 관사, 목적어가 뭔지는 몰라도 영어를 쓰고, 듣고, 말을 할 줄 안다. 문장 끊어 읽기가 뭔지 몰라도 영어 문장을 읽고 이해할 수 있다.

아이 셋을 키우는 동안 뜻밖의 소득이 있었다. 엄마의 영어 실력도 부쩍 늘었다. 쉬운 영어책을 많이 읽은 우리 올케는 영어 소설도 수월하게 읽게 되었다. 처음에는 영어 원서 읽기에 도전하기가 막막했다. 아이들에게 영어 그림책을 읽어 주다 보니 학교 다닐 때 배웠던 영어와는 다르다고 느꼈기 때문이었다. 영어 소설은 더 다르겠구나 싶어서 처음엔 읽어 볼 엄두가 안 났다. 그런데 첫째 아이가 커 가면서 점점 두꺼운 영어 원서를 읽는 모습을 보고 엄마도 함께 공유하고 싶은 마음이 들었다. 용기를 내서 영어 원서 읽기에 도전해 봤는데 생각 외로 어렵지 않았다. 자신도 모르는 사이에 이미 영어 원서를 읽을 정도의 실력을 갖추고 있었던 것이다. 아이와 함께 읽고 공유할 수 있어서 가장 좋았던 책은 《기억 전달자^{The giver} (by Lois Lowry)》였다.

아이들이 쉬운 영어 그림책을 듣거나 읽는 것으로 영어를 배웠다는 이야기는 많이 들어 봤을 것이다. 성인도 마찬가지다. 쉬운 영어 그림책으로 시작해도 나중에는 영어 소설을 읽을 수 있다. 쉬운 책 읽기로 영어를 접하면 기본적인 영어 단어의 쓰임과 표현에 점점 익숙해진다. 그동안 알고 있던 기본 단어들이 실제로 어떻게 쓰이는지 상황 안에서 접할 수 있기 때문이다. 문법이나 단어의 쓰임이 실제로는 다르다는 것도 알게 된다. 기본 단어를 이용한 영어 표현에 익숙해질수록 새롭게 알게 되는 표현이 더 늘어난다. 같은 그림책을 읽어도 어제는 무심코 지나쳤던 영어 표현이 오늘은 눈에 뜨여, 내 것이 되기도 한다. 쉬운 영어 그림책 읽기는 성인이 영어를 배우는 데에도 도움이 된다.

아이를 키우고 있는 엄마 아빠라면, 아이에게 영어 그림 동화책 읽어 주기를 시작해 보라고 추천하고 싶다. 발음이 좀 안 좋아도 괜찮다. 조금만 용기를 내면 된다. 엄마 아빠의 영어 실력까지 점점 좋아진다. 또한 아이와 함께 나누었던 정서적인 교감은 그 무엇과도 바꿀 수 없는 소중한 추억으로 남는다. 나도 아이가 어릴 때 잠자리에서 영어 그림책을 많이 읽어 주었다. 아이의 영어가 점점 늘면서 그림책에서 짧은 동화책, 나중에는 소설책까지 읽어 주게 되었다. 영어책 읽어 주다가 딸이랑 나누었던 대화, 같이 썼던 영어 표현들, 깔깔거리며 읽었던 책, 너무 좋아서 두 번 읽었던 소설책, 둘 다 좋아했던 삽화를 보며 행복해하던 일들이 모두 소중한 추억으로 남아 있다. 아이에게 영어 그림 동화책 읽어 주기가 가져올 놀라운 변화를 기대해 봐도 좋다.

시작은
쉽고 재미있고 만만한
영어 원서로

첫 영어 원서는 단연코 어린이 책

영어 원서를 꾸준히 읽으려면 처음에는 영어 문장에 익숙해지는
데 시간이 필요하다. 문법과 영어 단어를 어느 정도 안다고 생각하
는 사람도 마찬가지다. 다 알고 있을 것 같지만 너무 어려운 책을
고르는 바람에 실패하는 경우가 의외로 많다. 처음에는 쉽고 재미
있고 만만한 영어책을 읽으면서 영어 표현에 익숙해져야 한다. 처
음 읽는 영어 원서로 어려운 책을 선택하면 영어 원서 읽기를 다시
는 시도하지 않게 될 수도 있다. 끝까지 읽겠다는 굳은 결심으로 시

작해도 포기하기 쉽다.

처음 읽는 영어 원서로 고전 중의 하나를 고르는 바람에 실패하는 사람이 의외로 많다. 고전은 많이 들어 봤기 때문에 원서 읽기로 가장 먼저 떠올리게 되는 것 같다. 구하기 쉽기 때문일 수도 있다. 저작권이 만료된 고전은 인터넷에서 무료로 내려받을 수 있다(gutenberg.org). 고전을 읽어 주는 오디오북도 무료로 이용할 수 있다(librivox.org). 하지만 무료로 읽을 수 있다는 것은 그만큼 오래되었기 때문이라는 것도 기억해야 한다. 이왕이면 요즘 나오는 책을 읽으면서 영어를 배우는 것이 더 도움이 될 것이다. 언어는 시간이 흐르면서 바뀌기 때문이다.

고전 중에서도 어니스트 헤밍웨이Ernest Hemingway의 작품은 문체가 비교적 간결하다는 평을 듣긴 하지만 초보자에게는 어려울 수도 있다. 길이가 짧고 등장인물과 이야기가 단순한《노인과 바다The old man and the sea》를 처음 읽는 원서로 고르는 사람들이 종종 있는데 이 책은 흥미진진한 종류의 이야기는 아닌데다가 영어책 읽기가 익숙하지 않은 사람이라면 포기하기 쉽다.

《어린 왕자The little prince (by Antoine de Saint-Exupéry)》를 첫 영어 원서로 선택하는 사람도 많다. 워낙 내용이 좋고 얇은 책이라서 선택을 많이 한다. 하지만 처음 읽는 영어 원서로는 쉽지 않을 수도 있다. 유명 영어 강사 중의 한 사람인 김기훈 선생님이 중학교 때 첫 영어 원서 읽기에 도전한 책도 《어린 왕자》였는데, 모르는 단어를 모두 사전을 찾으며 열심히 읽었는데도 내용을 이해하기 어려웠다고 한다. 처음 읽는 영어 원서인데 사전을 찾아봐도 무슨 말인지 모르는 문장이 계속 나오면 읽기를 포기하게 된다.

처음 읽는 영어 원서를 베스트셀러 중에 고르는 바람에 실패하는 사람도 있다. 《앵무새 죽이기 To kill a mocking bird (by Harper Lee)》는 널리 알려진 감동적인 책이지만 첫 영어 원서로 읽는 것은 무리다. 《해리 포터 Harry Potter (by J. K. Rowling)》 시리즈도 처음 영어 원서 읽는 사람에게는 쉬운 책이 아니다. 아이들 책이니 쉽게 읽을 수 있다고 생각할 수도 있는데 읽어 보면 그렇지 않다는 것을 금방 알게 된다. 만약 처음 읽는 영어 원서인데 읽기에 성공했다면 이미 영어를 어느 정도 하는 사람일 것이다.

처음 읽을 책으로 고전이나 베스트셀러 중에 무작정 고르면 영어 원서 읽기에 실패할 확률이 높다. 집에 있던 책 중에 무심코 하나 골라 들고 읽어 보려다 포기한 사람도 봤다. 처음 읽는 책일수록 신경 써서 골라야 한다. 영어를 어느 정도 하는 사람도 자신의 수준에서 만만하게 읽을 수 있는 책이어야 한다. 쉽고 만만한 책을 읽으면서 기본적인 영어 표현과 문장 구조에 익숙해질 시간이 필요하다. 영어 원서 초보자의 경우는 단어를 몰라서 못 읽는 것이 아니다. 모르는 단어는 사전을 찾아보면 된다. 단어를 다 아는데도 무슨 말인지 모르는 경우가 더 많다. 한국어 뜻으로만 알고 있는 기본 단어들의 의미를 문장과 문맥 안에서 다시 만나야 한다. 쉽고 익숙한 단어들이 어떻게 쓰이고 그 단어들이 어울려서 어떤 의미를 나타내는지에 익숙해져야 한다.

영어 원서 읽기를 처음 시작할 때는 어린이 책을 읽는 것을 추천한다. 그림 동화책, 초등 저학년 그리고 고학년 대상의 책들, 청소년 대상의 책들이다. 영어 학습자에게 도움이 되는 쉬운 문체로 되어 있을 뿐 아니라 내용도 훌륭하다. 성인을 대상으로 하는 책과는 달리, 유명한 책들 대부분이 주인공들의 자기 성장에 관한 주제를 담고 있다. 영어 원서를 읽어 보면 아이들 책이라도 성인인 내가 읽고 감동 받을 때가 많다. 성인들 대상의 책뿐 아니라 어린이 책인 《나니아 연대기 The Chronicles of Narnia》 시리즈로도 잘 알려진 작가 씨에스 루이스 C.S. Lewis는 《On stories: And other essays on literature》에서 어린 아이들만 재미있게 읽을 수 있는 이야기는 좋은 이야기가 아니라고 말한다. 마치 왈츠를 출 때만 즐길 수 있는 왈츠는 좋은 음악이라고 할 수 없는 것과 같다고 비유하고 있다. 잘 쓰인 어린이 책은 성인이 읽기에도 손색이 없다는 뜻이다.

실제로 어린이 책을 읽어 보면 좋은 작품이 정말 많다. 오히려 성인이 읽을 때 생각할 거리와 토론 거리가 더 많겠다 싶은 책도 자주 발견하게 된다. 그림 동화책뿐 아니라 초등학생을 대상으로 한 책 중에도《파퍼 씨의 12마리 펭귄^{Mr. Popper's penguins} (by Richard Atwater and Florence Atwater)》과 같은 보물 같은 책이 많다. 아마존 웹사이트(amazon.com)에는 6세에서 9세가 읽기에 적당한 책이라고 나온다. 하지만 나는 이 책에 나오는 두 부부의 모습이 인상적이었고 포기하지 않고 꿈을 이루는 주인공의 모습도 기억에 남는다. 그림도 있고 문체도 쉬운 마음이 따뜻해지는 소설이다. 사람마다 취향이 다를 수도 있지만 나는 10년이 지난 후에 다시 읽어도 좋았다.

청소년 대상의 소설은 1인칭 시점으로 전개되는 책이 많아서 영어를 배우기 좋은 조건을 가지고 있다. 1인칭 시점의 책은 말하듯이 쓰였기 때문에 문체가 쉬운 편이다. 주인공이 자신의 관점에서 말하는 방식도 있고 주요 인물들이 돌아가면서 자신의 이야기를 하기도 한다. 시로 된 형식의 소설도 주로 청소년 대상의 소설에서 볼 수 있다. 시 소설도 보통 1인칭 시점으로 되어 있다. 성인들 책에서 다룰 만한 다양한 주제를 접해 볼 수 있으면서도 자기 성장에 관한 주제가 대부분이라서 읽는 보람이 있다.

제2차 세계 대전을 배경으로 하는 감동적인 이야기《Salt to the sea (by Ruta Sepetys)》는 등장인물이 번갈아 가며 자신들의 관점에서 서술하는 1인칭 시점의 소설이다. 문장이 짧고 문체가 쉬운 편인 데다 몰입감도 뛰어난 책이다. 아마존 웹사이트에는 12세에서 15세가 읽는 책이라고 나오지만, 실제로 읽어 보면 청소년만을 위한 책이라는 생각이 들지 않는다. 초반에 각 등장인물의 첫마디가 인상적인 짧은 문장으로 시작하는 것도 좋았다.

청소년이 주인공으로 나오는 책의 또 다른 특징은 성 정체성에 관한 이야기가 나온다는 것이다. 이런 주제의 책들도 1인칭 시점의 소설이 많다. 《Aristotle and Dante discover the secrets of the universe (by Benjamin Alire Sáenz)》 그리고 《Simon vs. the Homo Sapiens agenda (by Becky Albertalli)》와 같은 책은 문체도 쉬운 편이다. 영화 원작으로도 유명한 《Call me by your name (by André Aciman)》은 문체가 상대적으로 더 어렵다. 성 정체성과 관련된 주제를 다루는 책의 장르를 LGBTQ(Lesbian, Gay, Bisexual, Transgender, Queer)라고 한다. 아마존에서 책을 검색해 보면 책의 주제에 대한 대략적인 정보를 미리 볼 수 있다.

아이들 책만 읽다 보면 성인들을 대상으로 하는 책도 읽고 싶어진다. 그럴 때는 쉬운 문체를 쓰는 작가의 책을 찾아 읽으면 된다. 성인 대상의 책 중에도 쉬운 문체를 쓰는 작가가 있다. 《누가 내 치즈를 옮겼을까? Who moved my cheese?》 시리즈로 잘 알려진 작가 스펜서 존슨 Spencer Johnson, 《모리와 함께 한 화요일 Tuesdays with Morrie》로 유명한 작가 미치 앨봄 Mitch Albom, 영화로도 잘 알려진 《미 비포 유 Me before you》의 작가 조조 모예스 Jojo Moyes, 영어 원서 읽기에 관심 있는 성인들 사이에서 이미 유명한 작가 다니엘 스틸^{Danielle Steel} 등이 있다.

쉽고 재미있고 만만한 책에는 배울 게 없는 것 아닐까 걱정하지 않아도 된다. 영어 원서 읽기에 익숙해진 후 초기에 읽었던 책들을 다시 보면 깜짝 놀랄 것이다. 쉬운 책에서도 배울 것이 많다는 것을 발견하게 된다. 영어에 익숙해질수록 기본 단어들의 다양한 쓰임이 새롭게 눈에 들어온다. 기본 단어들로 이루어진 의미 단위^{chunk}의 표현에도 익숙해진다. 함께 쓰이는 조동사 would, should, might 등을 어떨 때 쓰는지도 확인하면서 다시 보게 되고, 영어의 다양한 부사들에도 더 관심이 간다. 관사와 전치사가 어떻게 쓰이고 있는지 더 많은 것들이 보이기 시작한다.

아는 만큼 보인다는 말은 영어 원서 읽기에도 적용된다. 다독이 효과적인지 정독이 효과적인지 고민할 필요가 없다. 영어 원서 읽기가 익숙해지면 저절로 정독하게 된다. 지금 읽고 있는 쉽고 재미있고 만만한 책에서도 배울 것이 많아지기 때문이다. 다독가로 알려진 영화 평론가 이동진 씨가 아주 적절한 비유를 했다. 군대에 있을 때 구덩이를 파 본 경험이 있었다. 빨리 파려고 깊이 파기 시작했는데 불가능하다는 걸 깨달았다. 넓게 파기 시작해야 비로소 깊게 팔 수 있었다고 한다. 다양한 책을 폭넓게 읽어 봐야 깊이 있는 책 읽기도 가능하다는 뜻이었다. 영어 원서 읽기에 대해 내가 평소에 생각했던 것과 일치했다. 영어 원서도 자신의 수준에서 쉽고 만만한 책부터 다양하게 충분히 읽어야 한다. 원서 읽기가 익숙해지면 전에는 생각지도 않았던 것들이 궁금해지기 시작한다. 너무 궁금하니 스스로 알아보게 된다. 그 과정 속에서 영어가 느는 것이다.

영어 원서 읽기에 익숙해질수록 책 선택 범위는 넓어진다. 영어 실력이 늘어 갈수록 자신에게 맞는, 쉽고 재미있고 만만한 책의 수준이 점차 높아지기 때문이다. 영어 원서 읽기에 익숙해진 후에도 자신의 수준에서 편안하게 읽을 수 있는 책을 골라 읽어야 꾸준히 읽을 수 있다. 재미있게 읽고 나서 다음에 읽을 책도 가벼운 마음으로 집어 들게 된다. 쉽고 재밌고 만만한 책 중에도 평생 다 읽지 못할 정도로 좋은 책이 정말 많다.

초보일수록
아는 단어 중에
모르는 단어 찾기

무슨 의미로 쓰인 것인지 알아야 진짜 아는 단어

영어 교육 분야에서는 가장 효율적인 학습 조건을 i+1이라고 표현한다. 이는 우리나라에도 잘 알려진 스티븐 크라센^{Steven Krashen} 박사가 제안한 입력 가설^{Input Hypothesis}이다. i는 학습자가 이해할 수 있는 수준의 입력^{input}이고 +1은 그보다 '한 단계 더 높은 수준'이라는 다소 추상적인 개념의 표현이다. 간단히 말하면, i+1은 학습자의 현재 수준보다 약간 더 어려운 입력이라는 뜻이다. 스티븐 크라센 박사는 이런 수준의 입력이 제2 언어^{second language} 학습에 있어서 최적의 조건이라고 설명한다.

영어 원서 읽기에서는 자신에게 약간 더 어려운 수준(i+1)이라는 기준을 잘 생각해 볼 필요가 있다. 영어 원서 읽기 팁 중에 '한 페이지에 모르는 단어가 5개 이하면 적당한 난이도'라는 말이 일반화되어 있다. 성인들의 영어 원서 읽기 관련해서 자주 언급되는 말이다. 이것이 어디서 나온 기준인지 궁금해서 관련 자료를 찾아봤다. 제2 언어 어휘 습득 연구자들(Nation, 2013; Schmitt et al., 2011)은 학습자가 사전이나 외부의 도움 없이 내용을 이해하려면 아는 단어가 98%는 되어야 한다고 말한다. 100개의 단어 중에 모르는 단어가 2개 정도 있을 때 내용을 이해할 수 있다는 뜻이다. 이 수치를 바탕으로 모르는 단어가 5개 나오려면 전체 단어 수는 250개가 되어야 한다. 250개의 단어 중에 모르는 단어가 5개 나오는 정도가 연구자들이 말하는 98%의 단어를 아는 상태라고 할 수 있다.

하지만 '한 페이지에 모르는 단어 5개 이하'라는 기준은 생각보다 적용하기 어렵다. 페이지마다 글자 수가 다르기 때문이다. 청소년 소설을 쓰는 베스트셀러 작가 존 그린John Green의 대표작《잘못은 우리별에 있어The fault in our stars》를 살펴봤다. 성인이 읽기에도 괜찮은 책이다. 첫 페이지는 중간부터 텍스트가 나와서 제외했다. 두 번째 페이지와 세 번째 페이지의 글자 수가 각각 255개와 249개이다. 대략 250개 단어로 볼 수 있다. 하지만 7쪽은 단어 수가 199개이다. 98%의 기준을 충족하려면 모르는 단어 개수는 4개가 되어야 한다. 같은 작가의 다른 책도 살펴봤다. 그다음으로 좋았던 《알래스카를 찾아서Looking for Alaska》이다. 두 번째와 세 번째 페이지의 단어 수가 각각 319개와 369개였다. 대략 한 페이지에 나오는 단어가 350개라고 가정하면 모르는 단어가 7개나 있어도 된다.

책의 장르에 따라 한 페이지에 실린 단어 개수가 크게 차이가 난다는 점도 고려해야 한다. 그림책이나 그래픽 노블graphic novel(만화 형식의 소설), 시 소설(시 형식으로 된 소설) 같은 장르는 한 페이지에 나오는 단어 수가 훨씬 적다. 모르는 단어를 한 페이지에 5개로 잡으면 98%에 도달하기 어렵다. 모르는 단어의 수를 더 적게 잡아야 한다. 페이지당 글자 수가 적은 장르의 책은 모르는 단어가 한 페이지에 5개나 되면 무슨 말인지 전혀 이해를 못 할 수도 있다.

나는 수치화된 기준보다 자신이 어느 정도 이해할 수 있는지를 기준으로 판단하길 권하고 싶다. 개인적으로 250개 단어 중에 모르는 단어 5개는 너무 많다는 생각이 든다. 이왕이면 모르는 단어의 개수는 최소한으로 잡는 것이 더 좋다. 영어 원서 읽기 초보자의 경우는 아는 단어 중에 모르는 단어가 있는지부터 살펴봐야 하기 때문이다. 아는 단어인데 무슨 의미로 쓰인 것인지 모르면 모르는 단어라고 생각하는 것이 좋다. 처음 보는 단어만 모르는 단어라고 생각하면 영어 원서 읽기가 더 어려울 수도 있다. 영어 원서를 처음 읽다 보면 전치사 하나 때문에 문장의 의미가 이해되지 않는 경우도 생긴다. 모르는 단어는 하나도 없는데 무슨 말인지 이해가 안 가는 문장도 있다. 기본 단어일수록 다양한 의미로 쓰이는데 아직은 그만큼 익숙하지 않기 때문이다. 익숙한 영어 단어들이 어울려서 만들어 내는 의미 단위의 표현도 처음 접해 보는 경우가 많기 때문이기도 하다. 실제로는 모르는 표현의 개수가 훨씬 더 많아지는 것이다.

아는 단어 중에 모르는 단어가 있는지 살펴봐야 한다는 것이 무슨 뜻인지 살펴보자. 다음은 올바른 구두법^{punctuation} 사용의 중요성에 관해서 쓴《먹고, 쏘고, 튄다^{Eats, shoots & leaves} (by Lynne Truss)》의 제목과도 관련이 있는 판다 농담이다. 구두법은 문장 부호를 사용하는 방법이다.《영어 글쓰기의 기본^{The elements of style} (by William Strunk Jr.)》과 함께 학생들에게도 소개하는 책 중에 하나이다.《먹고, 쏘고, 튄다》는 예문이 재미있고,《영어 글쓰기의 기본》은 꼭 필요한 설명이 간단명료해서 좋다.

이 판다 농담은 인터넷에 몇 가지 버전이 있을 정도로 유명하다. 올바른 콤마 사용의 중요성을 알려 주기 위해 판다가 먹고, 총 쏘고 떠난다는 상황을 설정했다. 다음에서 우선 색으로 표시한 단어의 의미부터 생각해 보자.

A panda walks into a café. He orders a sandwich, eats it,
then **draws a gun** and fires two shots in the air.

"Why? Why are you behaving in this strange, un-
panda-like **fashion**?" asks the **confused** waiter, as the
panda **makes towards the exit**. The panda **produces** a
badly punctuated wildlife manual and **tosses it over his
shoulder.**

"I'm a panda," he says, at the door. "**Look it up.**"

The waiter **turns to the relevant entry** and, **sure enough,**
finds an explanation.

"Panda: Large black-and-white bear-like mammal,
native to China. Eats, shoots and leaves."

· 단어 설명 ·

draw a gun 총을 뽑다 | fashion 방식 | confused 어리둥절한, 의아해하는 |
make towards the exit 출구 쪽으로 가다 | produce 꺼내다 |
badly punctuated 구두법이 엉망인 | toss it over his shoulder 어깨너머로
던지다 | look up (사전이나 책을) 찾아보다 | turn to the relevant entry
관련된 표제어가 나오는 페이지를 펼치다 | sure enough 역시 예상한 대로,
아니나 다를까 | native to China 중국에 서식하는, 중국이 원산지인

색으로 표시한 부분 중에 모르는 표현이 많을수록 기본 단어

의 다양한 쓰임에 익숙하지 않은 상태라고 생각해 볼 수 있다. 판다가 왜 총을 쏜 것인지는 콤마 사용과 관련이 있다. shoot에 총을 쏜다는 것 외에 '죽순'이라는 의미가 있다는 것도 알아야 한다. 콤마 사용이 문장의 의미를 바꿀 수도 있다는 것을 보여주기 위해 'Eats shoots and leaves(죽순과 잎을 먹는다)'라고 쓰는 대신 'Eats, shoots and leaves(먹고, 총 쏘고 떠난다)'라고 썼다. 영어에서는 3개를 나열할 때 콤마를 1개 또는 2개 써서 표현한다. 콤마를 쓰면 동사 3개를 나열했다는 의미가 돼서 전혀 다른 뜻이 되는 것이다.

영어 원서 읽기 초보자의 경우는 자신에게 약간 더 어려운 수준(i+1)의 영어 원서를 고를 때 아는 단어도 살펴봐야 한다. 이미 알고 있는 단어라도 어떤 의미로 쓰인 것인지 잘 모르겠으면 모르는 단어로 간주해야 한다. 이미 알고 있는 단어의 다양한 쓰임부터 익숙해져야 하기 때문이다. 모르는 단어의 개수보다 중요한 것은 내용을 얼마나 이해할 수 있느냐이다. 의미를 잘 모르는 단어는 최소로 잡는 것이 더 효율적이다. 우리 두뇌는 익숙한 단어의 새로운 쓰임을 익히기도 바쁜데 모르는 단어까지 처리할 수 있는 여유가 없다.

어려운 관사의 쓰임도
영어 원서 읽기로

관사의 기본적인 쓰임과 구분

영어 단어 중에 a/an, the를 관사articles라고 한다. 영어 사용 빈도frequency를 기준으로 분석했을 때 압도적인 1위는 정관사 the이고 부정관사 a도 최소한 6위 안에는 든다. 명사 앞에 관사를 쓰지 않을 때도 관사의 쓰임 중 하나로 봐야 한다. 이 정도면 관사를 무시하고 쓸 수 있는 영어 문장은 거의 없다고 봐도 될 정도이다. 대부분의 문장에 명사가 있기 때문이다.

그런데 우리에게는 관사가 가장 어렵다. 고등학교 때까지는 관사의 쓰임을 잘 몰라도 크게 문제가 되지 않았다. 시험을 보거나 영어를 읽고 듣는 데 그다지 어려움이 없다. 하지만 영어를 말하고 글로 쓰려고 하면 관사가 무척 신경 쓰인다. a/an을 쓸지 the를 쓸지 고민하게 된다. 관사를 써야 할지 쓰지 말아야 할지는 더 어렵다. 관사를 잘못 쓰면 영어 못하는 사람처럼 보이는 것도 문제이다.

관사는 명사의 의미를 좀 더 명확하게 해 주는 역할을 한다. 같은 명사라도 관사의 유무에 따라 그 의미가 달라진다. 관사의 쓰임 중 음식에 관련된 표현을 먼저 살펴보자.

1) Jack had **egg** on his tie.
2) Jack had **an egg** on his tie.

1)은 넥타이에 달걀이 묻었다는 뜻이다. 먹다가 흘린 상황을 떠올리면 된다. 2)는 넥타이에 달걀 모양의 무늬 하나가 있거나 실제 달걀이 하나 붙어 있다는 느낌을 준다. 보통, 관사 a/an을 붙이게 되면 온전한 하나라는 뜻이다. 안 붙이면 음식의 재료나 종류를 나타내는 의미에 가까워진다.

3) a chicken vs. chicken 닭 한 마리 vs. 닭고기
4) an apple vs. apple 사과 한 개 vs. 사과를 잘랐거나 갈아 놓은 상태

관사를 붙여서 I ate a chicken for dinner라고 하면, 저녁으로 닭 한 마리를 다 먹었다는 뜻이다. 그냥 닭고기를 먹었다고 하려면 관사 없이 I ate chicken for dinner라고 한다. 사과도 단수로 쓸 때 항상 an apple인 것은 아니다. an apple은 온전한 사과 한 개를 의미한다. 잘라 놓거나 갈아 놓으면 4)처럼 관사 없이 써야 한다. 그래야 온전한 사과 한 개를 나타낼 때와 구별해서 의미를 전달할 수 있기 때문이다.

보통의 경우, 관사를 붙이지 않고 단수 형태로 쓰면 어떤 종류 전체를 나타내거나 개념^{general concept}을 나타낸다. 명사 앞에 a/an을 붙여서 말하면 눈에 보이는 사물이든 눈에 보이지 않는 대상이든 온전한 하나라는 의미를 나타내는 경우가 많다. 상대방도 알고 있는 대상에 대해 언급할 때는 the를 붙여서 표현한다.

이 정도만 알아 두어도 관사의 기본적인 쓰임에 대해 어느 정도 구분할 수 있을 것이다. 하지만 원어민이 실제로 쓰는 표현을 보면 훨씬 더 다양한 쓰임을 만나게 된다. 다음은 문체가 비교적 쉽고 잔잔한 감동이 있는 소설, 《Olive, again (by Elizabeth Strout)》에서 가져왔다. 노년의 올리브와 잭은 각자의 배우자와 사별한 후 결혼했다. 어느 날 둘이 저녁을 먹으러 식당에 가서 나눈 대화이다.

"I hope they have steak.[1] I want a steak.[2]" And Jack

said he was sure they had steak.[1] "My treat," he added, winking at her. The waitress brought Jack a whisky[3] and Olive a glass of white wine,[4] and eventually they ordered; Olive ordered a steak[2-1] and Jack got the scallops,[5] and after a while…

관사가 없는 steak[1]는 음식 재료인 고기다. a steak[2]는 스테이크 요리 하나를 말한다. 그래서 음식을 주문할 때도 a steak[2-1]라고 했다. 여기까지는 앞에서 살펴본 것처럼 어떤 의미를 나타내고 싶은지에 따라 관사의 유무가 달라지는 경우이다.

이번에는 a whisky[3]와 a glass of white wine[4]의 차이를 보자. 위스키는 a만 붙여서 '한 잔'을 표현했다. '와인 한 잔'은 단위를 이용해서 a glass of white wine으로 썼다. 구글링을 해 보니 위스키는 주로 a whisky, 와인은 주로 a glass of wine으로 더 많이 쓰고 있었다. 술의 종류에 따라 선호하는 방식이 달라질 수도 있는 것이다.

여기서 또 하나 기억해야 할 것은, 요즘은 단위를 생략하고 쓰는 경우가 많아졌다는 것이다. 구글Google 검색을 해 보면, '와인 한 잔'을 a white wine이라고도 하는 것을 볼 수 있다. 식당에서 '와인 한 잔 주세요'라고 할 때 "I'll take a white wine."이라고도 할 수 있다는 뜻이다. '커피 한 잔'을 a coffee(=a cup of coffee)라고도 하는 것을 떠올리면 쉽게 이해가 될 것이다.

관자 요리인 the scallops[5]도 눈여겨볼 만하다. 정관사 the를 붙이고 복수로 썼다. 앞에서 한 번도 언급된 적이 없는데도 the를 붙였다. 메뉴판에 쓰여 있는 관자 요리를 주문했다는 것을 나타내려고 the를 붙여서 표현했다. 독자도 메뉴에 있는 요리를 주문했다는 뜻으로 이해한다. 문법책에서는 앞에서 언급한 명사를 다시 언급할 때 the를 쓴다는 설명을 쉽게 볼 수 있다. 하지만 조금만 관심을 가지고 보면, 실제로는 앞에서 언급된 적이 없는데도 the를 붙여서 쓰는 경우가 더 많다는 것을 알 수 있다. 앞에서 언급된 명사를 다시 언급할 때는 대명사로 처리하면 되기 때문이다. 이 책의 다른 부분에는 'scallops and sour cream'이라는 관자 요리도 나온다. 이 요리 이름은 관사를 붙이지 않고 표현했다. 일반적인 음식 이름으로 썼기 때문이다. 이처럼 같은 단어도 어떤 상황에서 어떤 의미로 쓰느냐에 따라 관사 사용이 달라진다.

📖 상황에 따라 달라지는 원어민의 관사 사용

이뿐만이 아니다. 원어민은 우리가 굳게 믿고 있던 관사의 법칙과 다르게 쓰기도 한다. 학창 시절 단골 시험 문제 중에 'play + the 악기'가 있었다. 스포츠 경기는 관사 없이 쓰기 때문에 'play + 스포츠 경기'와 같이 외웠다. 대부분 다음과 같이 배운 것이 기억날 것이다.

악기 연주   play the piano, play the guitar
스포츠 경기 play soccer, play basketball

하지만 원어민들은 요즘 악기를 연주한다고 할 때 the를 생략하고 쓰기도 한다. 14살 소녀의 삶을 감동적으로 그려낸 시 소설《모래폭풍이 지날 때Out of the dust (by Karen Hesse)》에는 the를 쓰지 않는 play piano가 여러 번 나온다. 구글 엔그램 뷰어Google Ngram Viewer에서도 관사 없는 play piano, play guitar, play flute, play violin 등이 관사를 쓰는 표현과 함께 검색된다. 관사를 쓸 때보다 빈도가 낮긴 하지만 검색이 된다는 건 그만큼 원어민들이 많이 쓴다는 뜻이다. 좀 더 편하게 쓰려고 생략하는 것이 아닌지 추측해 볼 수 있다. 의미 전달에 큰 문제가 없으면 자주 쓰는 표현의 일부를 생략하고 간단하게 쓰는 예들을 쉽게 찾아볼 수 있다.

스포츠 이름 앞에는 여전히 관사 없이 쓰고 있다. 구글 엔그램 뷰어에서도 play the soccer처럼 관사가 붙은 것은 검색 결과가 없는 것으로 나온다. 반면에 스포츠 이름 뒤에 game이라는 명사가 붙으면 관사를 쓰는 것으로 검색이 된다.

play a/the soccer game
play a/the basketball game

'게임을 하다'를 play a/the game으로 표현하듯이 soccer game 혹은 basketball game이라고 할 때에도 a나 the를 붙여야 한다. 명사 game은 일반적으로, 단수 형태일 때 관사를 붙여서 쓴다.

스포츠 이름만 쓸 때는 관사를 붙이지 않는 것을 보면 스포츠는 이름처럼 취급하는 경향이 있는 것 같다. 책 제목에도 관사를 써야 할 것 같은 곳에 안 쓴 경우는 이름처럼 취급하기 때문이다. 오래전에 《진주 귀고리 소녀^{Girl with a pearl earring} (by Tracy Chevalier)》를 무척 재미있게 읽었다. 몰입해서 읽게 만드는 힘이 있었다. 이 책을 읽고 나서 한동안 책 제목을 언급할 때면 girl 앞에 the가 없다는 것을 한 번 더 확인하곤 했었다. girl은 단수일 때 a나 the를 붙여서 쓰는데 이름으로 취급할 때는 붙이지 않기도 한다. 이름 취급을 한다는 것은 이런 뜻이다. 예를 들어, 책을 보고 '책아, 너 어디 있니?'라고 하려면 "Book, where are you?"라고 하게 된다. 보통의 경우, book도 단수로 쓸 때는 관사를 꼭 붙여야 하는 단어이다.

수업 시간에 관사의 쓰임을 간단히 설명하고 나면 학생들이 질문하기 시작한다. 특정 단어를 언급하면서 어떤 관사를 써야 하는지, 혹은 안 써야 하는지 묻는다. 정답은 어떤 의미로 어떤 상황에 쓰냐에 따라 다르다는 것이다. 같은 단어라도 상황에 따라 관사의 쓰임이 다르다. 관사의 기본적인 쓰임 외에도 문화와 문맥에 따라 표현 방식이 달라진다. 편하게 쓰려고 생략하기도 한다. 규칙에 맞춰서 쓴다는 생각보다 내가 어떤 의미를 나타내고 싶은가에 따라 관사 사용이 달라진다고 생각해야 이해가 쉽다.

명사만 보고 셀 수 있는 명사인지 셀 수 없는 명사인지 판단 후에 관사의 쓰임을 결정하려고 하면 관사 사용이 어려워진다. 영어의 명사는 기본적으로, 셀 수 있는 명사와 셀 수 없는 명사가 엄격하게 정해져 있지 않기 때문이다. 일반적으로 셀 수 없는 명사 취급하는 경우가 많은 명사가 있긴 하지만, 똑같은 명사라도 말하는 사람이 어떤 의미로 나타내고 싶은지에 따라 달라질 수 있다.

논문을 쓸 때 복수 명사를 쓰지 않으려고 주의하는 단어 중에 'research(연구)'가 있다. 복수로 쓸 때는 research studies라고 하기도 하고 보통은 research라고만 썼다. 그런데 《연금술사The alchemist》로 우리나라에서도 잘 알려진 브라질 작가 파울로 코엘료Paulo Coelho의 작품을 읽다가 복수형으로 쓴 researches를 본 적이 있다. 오래전의 기억이라 책을 다시 찾아보니, 예전에 읽었던 《베로니카 죽기로 결심하다Veronika decides to die》, 《11분Eleven minutes》 그리고 《오자히르The Zahir》에서도 모두 복수형 명사 researches가 나와 있었다. 원어를 영어로 번역한 번역자가 복수로 쓴 것이다. 아직은 대부분의 원어민이 복수로 쓰는 researches를 비문법적인 것으로 간주하지만 앞으로는 어찌 될지 모르는 일이다. 영어는 점점 쓰기 쉬운 쪽으로 바뀌어 가고 있기 때문이다.

명사를 표현하는 방식을 보면 영어라는 언어의 특성이 잘 나타난다. 영어는 '명사를 어떤 의미로 나타내고 싶은지를 정확하게 표현하고 싶어 하는 언어'라는 느낌을 받을 때가 많다. 어떤 의미를 나타내고 싶은지에 따라 어떤 관사를 붙일지 관사 없이 쓸지를 선택해야 한다. 셀 수 있는 명사로 취급할지 셀 수 없는 명사로 취급할지도 마찬가지이다. 관사만 따로 떼서 설명을 읽거나 들으면 관사의 쓰임이 더 어렵게 느껴질 수밖에 없다. 실제로 쓰임을 보면서 익혀야 그나마 관사의 쓰임에 익숙해지기 시작한다.

영어 원서는 관사의 쓰임을 배우기 좋은 조건을 가지고 있다. 상황적인 맥락과 문화적인 맥락을 풍부하게 담고 있기 때문이다.

영어 원서 읽기에 익숙해지면 관사의 쓰임에도 관심이 가기 시작할 것이다. 쉽고 재미있고 만만한 책을 읽는 동안 관사의 쓰임도 눈여겨보기 바란다. 어려운 영어책을 읽으면 관사까지 챙겨 볼 마음의 여유가 없다.

오해하기 쉬운 전치사, 영어 원서 읽기로 다시 보기

다양한 의미를 가진 전치사

대부분의 사람들이 전치사 정도는 알고 있다고 착각하기 때문에 전치사에 대해 더 모르는 것 같다. 사실 전치사가 나타내는 일부의 의미만을 알고 있는 경우가 많다. 처음 영어를 배울 때 전치사가 가진 부분적인 의미만 학습하고 끝냈기 때문이다. 다양한 상황에서 쓰이는 전치사를 충분히 접해 볼 기회가 너무 적었다.

전치사는 다양한 의미를 표현할 수 있는 단어이다. 우리말의 조사와 같다고 생각하면 더 어렵게 느껴질 수도 있다. 다른 영어 단어들과 다른 점이 있다면 함께 쓰이는 단어나 문맥에 따라 의미가 달라진다는 것이다. 영어 원서를 읽다 보면 같은 전치사도 어떤 상황에서 쓰냐에 따라 다양한 의미를 나타낸다는 것을 알 수 있다. 다음의 문장 1)과 2)가 어떤 의미인지 생각해 보자.

1) I ran for him.
2) I ran for the door.

1)은 '그를 위해(on his behalf) 달렸다' 또는 '그를 향해(toward him physically) 달렸다'도 될 수 있다. 어떤 상황에서 쓰였느냐에 따라 다르다. 하지만 2)처럼 사물을 대상으로 쓰면 '~을 위하여(on one's behalf)'라는 의미가 어색하게 느껴진다. 이번에는 '그 대상을 향해 달린다'는 의미로 이해하게 된다. run for the door는 '(나가기 위해) 문 쪽을 향해 달리다', run for the ball은 '(공을 잡기 위해) 공을 향해 뛰어가다'라는 의미가 된다. 전치사는 어떤 상황에서 쓴 것인지, 어떤 단어와 썼는지에 따라 의미가 달라진다. run이 '달리다'라는 뜻으로 쓰인 경우로만 한정해서 의미를 떠올렸을 경우다. 만약 run이 다른 의미로 쓰인 경우라면 문맥에 따라 더 다양한 의미를 나타낼 수도 있다.

전치사 for를 '~을 위하여'라고만 생각하면 문장의 의미를 이해하지 못하는 경우도 생긴다. 예를 들어, He is tall for his age 라고 하면 '나이에 비해 키가 크다'라는 뜻이다. 전치사 for에는 'despite(~에도 불구하고)'의 뉘앙스도 있다. 이것이 굉장히 예외적인 경우로 보일 수도 있을 것이다. 보통 for를 '~을 위하여'라는 의미로만 떠올리기 때문이다.

　for를 쓰면 특정 대상을 찾는 의미가 있다고 생각하면 좀 더 의미를 이해하기 쉽다. listen for는 무슨 소리가 들리는지 귀 기울여 들어 본다는 뜻이다. 예를 들어 집에 나밖에 없는데 어디선가 부스럭거리는 소리가 들렸다. 깜짝 놀라서 무슨 소리가 더 들릴지 집중해서 들어 볼 때 쓸 수 있다. listen to는 특정 대상을 찾는 의미가 없다. 그래서 음악을 들을 때는 보통 listen to music이라고 한다. '어떤 사람을 좋아한다'고 할 때도 have feelings for someone이라고 한다. 여러 사람 중에서도 특정한 사람으로 한정해서 말하는 느낌이 든다. 그 외에도 'look for(~을 찾다)', 'reach out for(~을 잡으려고 손을 뻗다)', 'check for(~이 있나 살펴보다/확인하다)', 'struggle for words(무슨 말을 해야 할지 모르다)' 등의 동사 표현도 비슷한 경우이다. 특정한 대상을 찾는 느낌의 표현들이다. '나에게'라는 의미로 to me를 쓸지 for me를 쓸지도 같은 맥락에서 이해할 수 있다. 'to me(나에게)'를 쓸 때보다 'for me(나에게는)'라고 할 때 나로 한정하여 표현하는 느낌이 든다.

전치사가 나타내는 의미가 문맥의 영향을 많이 받는다는 것을 알 수 있는 또 다른 예가 있다. 똑같은 표현이 반대의 의미를 나타낼 수도 있다.

3) I fought with him.

3)은 그와 싸웠다(He and I got into a fight with each other)는 의미가 있을 수 있다. with him이 그를 대상(against him)으로 싸웠다는 뜻이다. 하지만 다른 상황이라면 반대의 의미를 나타낼 수도 있다. 전투에서 같은 편으로 함께 싸웠다(on the same side and helping each other as a team)는 의미도 된다. with him이 이번에는 같은 편(on the same side)이라는 뜻이다. 똑같은 표현이 어떤 상황에서 쓰였느냐에 따라 반대의 의미를 나타내기도 하는 것이다.

전치사 with도 대상을 언급할 때 쓴다고 이해하면 좀 더 편하게 쓸 수 있다. He fell in love with her는 남자만 그녀를 대상으로 사랑에 빠졌다는 뜻이다. 둘 다 서로 사랑에 빠졌다는 의미가 아니다. 심지어 대상에서 멀어질 때도 with를 쓴다. 헤어질 때 with를 쓰는 것을 보면 알 수 있다. 그녀와 헤어졌다는 뜻의 표현, I broke up with her에서도 with her가 대상을 나타낸다. 함께 있는 것과는 반대의 의미가 되는 것이다.

with는 대상을 향해 움직일 때도 쓴다. 이번에는 그 대상에 가까워지려고 이동하는 것이다.

4) I moved in with her. 그녀가 사는 곳으로 이사했다.

5) I'll be back with you shortly. 곧 당신에게 다시 돌아올게요.

6) She slid into the water with her child.
그녀는 물속으로 들어가 아이가 있는 쪽으로 갔다.

문장 4), 5), 6)에서 with는 모두 동사와 함께 써서 움직임을 나타낸다. with 다음에 나오는 대상 쪽으로 가까워지도록 움직인다는 표현이다. 4)는 '그녀와 함께 이사 간다'는 뜻이 아니다. 그녀 쪽으로 가까워진다는 것으로 '그녀가 사는 집으로 이사했다'라는 뜻이다. '그녀와 함께 이사 간다'라고 하려면 "I moved with her into the apartment."라고 해야 한다. "I moved him in with Tom."이라고 하면 '그를 Tom이 있는 곳으로 옮겼다'는 뜻이다. 이 경우도 with 다음에 나오는 대상 쪽으로 움직인다는 뜻이다. 5)도 마찬가지이다. 동사와 함께 써서 상대 쪽으로 가까워지도록 움직인다는 기본 의미가 있다. 식당에서 웨이터가 주문을 받고 나서 하는 말을 떠올려 볼 수 있다. 6)의 경우는 '아이를 안은 상태에서 물속으로 들어간다'는 뜻도 되고, '물속에서 놀고 있는 아이 쪽으로 간다'는 의미도 될 수 있다. 이 경우 역시 어떤 상황에서 쓰였느냐에 따라 다른 의미를 나타낸다. with가 움직임과도 관련이 있다는 것을 보여 주기 위해 움직임과 관련된 예로 들어 보았다.

전치사의 쓰임이 워낙 다양해서 이걸 언제 다 익히나 싶기도 할 것이다. 하지만 걱정하지 않아도 된다. 책을 읽는 동안 앞에서 언급한 문장들을 접하게 되면 문맥 안에서 의미를 저절로 이해할 수 있다. 쉽고 재미있고 만만한 영어 원서를 읽으면 어떤 의미로 쓰였는지 문맥 안에서 자연스럽게 학습할 수 있다. 너무 어려운 책을 읽으면 전치사의 의미를 유추해서 배우기 어려워진다.

for가 '~을 위하여', with가 '~와 함께'라는 뜻으로 쓰이는 건 여러 가지 의미 중 하나일 뿐이다. 우리말로는 정확하게 표현할 방법이 없어서 이렇게 외우게 되었는지도 모른다. 전치사가 가진 기본 의미를 우리말의 한 단어로 딱 맞게 표현하기가 어렵다는 생각이 든다. 한 단어로 바꾸려다 오히려 기본 의미를 오해하기 쉽다. 전치사는 문맥 안에서 다양한 쓰임과 기본 의미를 익히는 수밖에 없다. 전치사의 쓰임에만 익숙해져도 영어 문장을 말하거나 글로 쓸 때 표현이 훨씬 자연스러워진다.

영어 원서를 읽으면
얻을 수 있는 것들

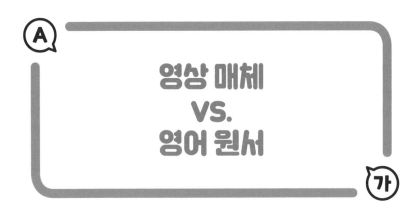

이미지를 스스로 그리는 힘

요즘 영어 원서 읽기를 취미로 하는 사람들이 많아진 것 같다. 하지만 영상 매체를 이용해서 영어 공부하는 것을 선호하는 사람들이 훨씬 더 많을 것이다. 영상 매체 덕분에 원어민 못지않게 영어를 잘하게 된 사람들도 있다. 세계적인 아이돌 그룹 BTS의 RM(랩 몬스터)도 미국의 시트콤《프렌즈Friends》를 반복해서 보고 영어 실력을 갖추게 된 것으로 유명하다. 유튜브에 '랩몬 영어'로 검색해 보니 미국 방송에 출연해서 인터뷰하는 모습과 UN에서 영어로 연설하는 영상을 볼 수 있었다. 영어가 자연스러워서 놀랐고 혼자서 연습한 결과라는 사실에 더 놀랐다. 일반인 중에도 영화, 만화 영화, 미국 드라마, 영국 드라마에 푹 빠져 지내다가 영어 말하기를 잘하게 된 사람들을 찾아볼 수 있다.

영상으로 영어를 배울 때 가장 큰 장점은 영상을 보는 것 자체가 영어 표현을 이해하고 기억하는 데 도움이 된다는 것이다. 특정 장면에서 들었던 문장이나 표현이 저절로 이해가 될 때가 있다. 영상이 주는 분위기와 더불어 오랜 시간이 흘러도 기억에 남는다. 나에게는 'abort'가 그런 단어 중에 하나이다. "Abort it!" 학생 때 본 어떤 영화에서 작전을 중지하라고 다급하게 외칠 때 사용한 말이었다. abort에는 '낙태시키다'라는 뜻도 있지만 '진행되는 일을 중단시키다'라는 뜻도 있다. "Abort it!"을 듣는 순간 어떤 의미인지 바로 알 수 있었다. 영화 제목은 기억이 안 나도 어떤 상황과 분위기에서 이 단어가 쓰였는지는 아직도 기억이 난다. 이것이 바로 영상 매체를 통해 영어를 접할 때의 장점이다. 영상으로 제공되는 전체적인 분위기가 영어 표현을 더 쉽게 이해하고 오래 기억하는 데 도움을 준다.

영어책을 읽을 때도 이와 비슷한 효과가 있다. 하지만 머릿속에서 이미지를 스스로 그려야 한다는 점이 다르다. 영상으로 볼 때는 머릿속에 이미지를 그릴 필요가 없다. 화면에서 그대로 보여 주기 때문이다. 주인공 남녀는 어떻게 생겼는지, 둘이 손잡고 걷는 모습은 어떤지, 걷고 있는 거리는 어떤 분위기인지 영상으로 다 보여 준다. 영어 원서를 읽을 때는 이 모든 장면을 머릿속에서 그려 가며 읽어야 한다. 소설 속 장면들에 대한 묘사를 읽고 이미지가 그려지지 않으면 책을 읽어 나갈 수 없다. 무슨 말인지 이해가 안 가고 재미도 없다.

소설을 쓰는 작가들은 독자가 이미지를 그릴 수 있도록 묘사하는 데 최선을 다할 것이다. 우리나라에도 잘 알려진 베스트셀러 작가 스티븐 킹 Stephen King도 글쓰기에 관한 책《On writing: A memoir of the craft》에서 독자가 상상하도록 만드는 것이 얼마나 중요한지를 다음과 같이 설명했다.

Description begins in the writer's imagination, but should finish in the reader's.
묘사는 작가의 상상으로 시작되지만, 독자의 상상으로 끝나야 한다.

스티븐 킹은 절제된 묘사가 중요하다고 말한다. 독자가 상상하게 만들기 위해 세세한 묘사를 할 필요는 없다는 것이다. 오히려 절제된 묘사를 통해 나머지는 독자가 스스로 상상할 수 있는 여지를 남겨 두는 것이 훨씬 효과적이라고 말한다.

독자 입장에서도 책을 읽는 동안 최선을 다해 이미지를 그리려고 애쓰게 된다. 그래야 내용을 이해할 수 있기 때문이다. 읽기는 언어를 통해 이미지를 떠올리는 과정을 최대한 이용하는 것과도 같다. 이때 우리 머릿속에서는 아주 흥미로운 일이 일어난다. 똑같은 내용을 읽고도 각자 자신만의 이미지를 떠올리게 된다. 언어는 우리 머릿속에 이미지를 불러오는 강력한 힘을 가지고 있기 때문이다. 모국어로 된 책을 읽거나 들었을 때 이미지를 떠올리게 되는 것만 봐도 알 수 있다. "나 어제 빨간 모자 샀어."라는 말을 읽거나 들었다고 가정해 보자. 모두 자신만의 빨간 모자를 떠올리게 된다. 모자의 모양뿐 아니라 색깔도 모두 다른 빨간 모자일 것이다. 빨간색도 여러 가지가 있기 때문이다.

영어 원서를 읽고 번역서를 읽으면 다른 느낌을 받는 것도 같은 이유일 것이다. 번역자가 그린 이미지를 바탕으로 재탄생된 언어 표현으로 쓰였기 때문이다. 읽고 이해한 의미는 같지만, 언어가 불러온 이미지는 읽는 사람마다 다를 수밖에 없다. 우리 딸은 우리말로 번역된 영시를 읽었을 때 그런 차이를 더 크게 느꼈다고 말한 적이 있다. 미국의 시인이자 작가인 에드거 앨런 포 Edgar Allan Poe 의 시, 《애너벨 리 Annabel Lee》를 번역서 《까마귀(손나리 옮김)》로 읽어 보더니, 수업 시간에 원문으로 읽었을 때와 전혀 다른 시 같다고 했다. 시 poetry 는 산문 prose 보다 절제된 언어를 사용해서 독자의 감성과 상상력을 자극하기 때문에 사람마다 떠올리는 이미지의 차이가 더 큰 것 같다.

책을 영화로 만들었을 때도 이와 비슷한 느낌을 받는다. 영화 속 주인공의 모습이 내가 책을 읽으면서 떠올린 모습과 차이가 클 때가 많다. 어떨 때는 영화에 몰입이 안 될 정도다. 읽는 동안 떠올렸던 이미지와 너무 차이가 나서 거의 매번 책이 더 낫다는 생각이 드는지도 모르겠다. 영화감독이나 배우의 해석으로 재탄생된 이미지와 차이가 날 수밖에 없다.

그러나 넷플릭스 드라마《하트스토퍼 Heartstopper》와 영화《윔피키드 Diary of a wimpy kid》의 주인공은 원작과 똑같이 생겼다. 이 드라마와 영화는 각각 그래픽 노블 시리즈《하트스토퍼 (by Alice Oseman)》와《윔피키드 (by Jeff Kinney)》가 원작이기 때문이다. 이미 많은 독자에게 주인공의 이미지가 각인되어 있어 만화 원작과 최대한 같은 모습의 배우로 캐스팅할 수밖에 없었을 것이다. 모든 독자가 똑같이 알고 있는 이미지와 다르면 드라마와 영화의 내용에 공감이 잘 안 될 것이다.

영상 매체와 원서 읽기의 차이점

언어를 통해 이미지를 떠올리게 되는 힘은 영어를 배우는 데 도움이 된다. 영상 매체나 영어 원서 읽기로 영어를 접하면 이미지를 통해 영어 표현의 의미를 익힐 수 있다. 영상 매체를 볼 때는 영상을 그대로 활용하면 된다. 영상은 영어의 의미를 이해하고 기억하는 데 도움을 준다. 책을 읽을 때는 이미지를 그려야 한다. 내용을 이해하려면 이미지를 그리면서 읽을 수밖에 없다. 이미지를 그리는 과정이 영어 습득에 도움이 된다. 몰입해서 읽게 만드는 책일수록 이미지가 더 잘 그려진다. 작가가 그리는 세계 속에 푹 빠진 채로 이야기를 따라간다. 이런 과정을 경험하다 보면 사전에 나와 있는 우리말 뜻을 외우는 것보다 어휘 사용이 훨씬 유연해진다. 이미지를 직접 보여 주는 영상 매체도, 스스로 이미지를 그려야 하는 영어 원서 읽기도 모두 장점이 있다.

차이점이 있다면, 사용된 어휘의 종류와 양이라고 할 수 있다. 대부분의 연구에서 구어 텍스트^{spoken text} 보다 문어 텍스트^{written text}에 사용된 어휘가 훨씬 다양하고 어휘의 수준도 더 높다고 보고하고 있다. 연구(Nation, 2006)에 따르면 문어 텍스트를 읽고 이해하는 데에는 8,000~9,000개의 워드 패밀리^{word family}가 필요하고, 구어 텍스트는 6,000~7,000개의 워드 패밀리가 필요하다고 한다. 워드 패밀리는 단어의 기본형^{base form}에 접두사나 접미사가 붙은 단어군을 말한다. 예를 들어 kind, unkind, kindness 등은 하나의 워드 패밀리로 간주한다. 문어 텍스트를 이해하는 데 더 많은 어휘 지식이 필요하다는 것을 알 수 있다. 우리말을 유창하게 하는 사람도 글을 읽을 때 모르는 단어가 많을 수 있다는 것을 떠올려 보면 이해가 쉬울 것이다. 같은 시간 대비 접하게 되는 어휘의 양도 다르다. 책을 읽을 때는 영상을 볼 때보다 더 많은 문자 정보를 처리해야 한다. 문자를 해독해서 이미지를 그리고 내용을 이해하는 과정에도 더 적극적으로 개입해야 한다. 투입한 시간 대비, 영상 시청보다 훨씬 더 다양하고 많은 언어 표현을 접할 수밖에 없다.

영상 매체든 영어 원서 읽기든 자신에게 맞는 방법을 선택하면 된다. 단, 영상을 보는 시간이 길어지면 문자를 읽는 것에 적응하는 데 시간이 걸릴 수도 있으니 주의해야 한다. 예전에 혼자 살 때 재미있는 경험을 한 적이 있다. 항상 TV를 틀어 놓는 습관이 있던 때였다. 집에 오자마자 TV를 틀었고 밥 먹을 때도 TV와 마주 앉아 먹었다. 그때는 책도 안 읽었다. 대학원 공부를 시작하면서 원서로 된 전공 서적을 읽어야 했는데 잘 안 읽혔다. 눈은 분명 한 페이지를 다 지나 왔는데 머리에 남는 것이 없었다. 깜짝 놀라서 집에 있던 우리말 소설책 한 권을 쉬지 않고 한 번에 다 읽어 보았다. 그러고 나서 전공 서적을 읽으니 그제서야 내용이 머리에 들어왔다.

요즘도 유튜브를 보다가 책 읽기를 시작하면 읽는 속도가 서서히 회복된다는 느낌이 든다. 영어책을 읽다가 영상을 보는 것은 언제든 가능하지만, 영상만 보다가 영어책을 읽으려면 적응 기간이 필요할 수 있다. 영상 시청에 많은 시간을 보냈던 분이라면 처음에는 문자에 익숙해지기 위한 적응 기간이 필요하다. 개인별로 다를 수 있지만, 혹시 책이 잘 안 읽힌다면 영어의 문제가 아니라 뇌가 문자를 읽고 해독하는 것에 적응하는 중이기 때문일 수도 있다. 너무 빨리 포기하지 말고 약간의 인내심을 가지고 영어책 읽기를 시작해 보자. 책을 읽으면서 이미지를 스스로 그릴 수 있다면 영어를 익히는 과정도 영상 시청 못지않게 즐거운 여정이 될 것이다.

우리가 아는 영어 vs. 원어민이 쓰는 영어

 계속해서 변하는 영어 문법

언어는 살아 움직이는 생명체와도 같다. 지금도 바뀌고 있고 앞으로도 그럴 것이다. 의미 전달에 문제가 없다면 사용하기 편한 쪽을 선택하기 때문이다. 영어책을 읽다 보면 우리가 예전에 배웠던 표현이나 문법과는 다른 것들이 눈에 뜨인다. 요즘 영어를 배우는 세대는 이미 익숙하게 생각하고 있는 것들일지도 모르겠다. 가장 쉽게 볼 수 있는 현상이 자주 쓰는 표현 일부를 생략하는 경우이다. so that도 다음처럼 that을 생략하고 쓰는 것을 자주 본다.

She was so beautiful (that) I couldn't take my eyes off her.
너무 아름다워서 그녀에게서 눈을 뗄 수가 없었다.

I left a message with your secretary so (that) you would be informed about the charity.
그 자선 단체에 대해서 알 수 있도록 당신의 비서에게 메시지를 남겼다.

원어민들은 동사와 함께 써야 하는 전치사를 생략하기도 한다. 가장 눈에 띄는 건 'graduate from'이다. 예전에는 학생들에게 from을 쓰라고 알려 줬다. 그러나 이젠 from을 안 쓰는 사람들도 있다는 말을 덧붙이게 된다. He graduated high school last year처럼 생략하는 것을 자주 보기 때문이다. 원래는 from을 안 쓰면 고등학교를 졸업시킨다는 이상한 말이 된다.

동사 stop도 from을 생략하고 쓰는 걸 자주 볼 수 있다. 학창 시절에 'stop + 목적어 + from -ing(~하는 것을 막다, 중단시키다)'라고 외웠던 기억이 날 것이다. 영화로도 나온 미스터리 스릴러 《The girl on the train (by Paula Hawkins)》에는 다음의 예문처럼 from을 쓴 문장과 안 쓴 문장이 섞여 있다. 심지어 stop my teeth chattering 같은 경우, 한 번은 from을 쓰고 한 번은 쓰지 않았다.

I clasp my hands together to stop them shaking.
떨리지 않도록 두 손을 꽉 잡는다.

I had to say something quickly to stop him reading my mind.

내 생각을 읽지 못하도록 무언가를 재빨리 말해야 했다.

I bite down hard on my lip to stop myself from crying.

울지 않기 위해 입술을 꽉 문다.

I have to clench my jaw to stop my teeth (from) chattering.

치아가 덜덜 떨리지 않도록 이를 악물어야 한다.

영어가 변하고 있는 것은 광고 문구를 봐도 알 수 있다. 우리에게 친숙한 브랜드의 광고 문구 중에 맥도날드의 I'm lovin' it과 애플의 Think Different가 대표적이다. lovin'은 loving을 줄여 쓴 단어이다. 우리에게 익숙한 문법에 맞도록 바꾸려면 각각 I love it 그리고 Think differently라고 해야 한다.

I'm lovin' it이 너무 익숙해서 love를 진행형으로 쓴다는 것이 놀랍지 않을 수도 있다. 원래는 상태 동사stative verb로 구분해서 진행형을 쓰지 않던 동사였다. 영어 원서를 읽다 보면 요즘은 대부분의 동사를 진행형으로 쓴다는 걸 알 수 있다. 물론, 격식을 갖춘 글에서는 다음의 동사들을 현재형으로 쓰는 것이 좋다.

I'm hating the second season of the show.

이 프로그램의 두 번째 시즌은 마음에 안 들어.

They seem to be liking it. 사람들이 그걸 마음에 들어 하는 거 같아.

I'm not understanding this. 나는 이게 이해가 안 가.

Ah, yes. I'm remembering now. 아, 맞아. 이제 기억이 난다.

I've been wanting to have some coffee.
커피가 계속 마시고 싶던 중이었어.

I'm having to work up the courage. 나는 지금 용기를 내야 한다.

People are preferring to eat out. 사람들은 외식을 선호하고 있다.

I'm so hungry. I'm actually seeing stars.
나 너무 배고파. 별이 보일 정도야.

This is looking so cute. 이거 너무 귀여워 보인다.

I'm hoping you will help me out. 저를 도와주시길 바라고 있습니다.

현재 진행형 시제를 씀으로써 좀 더 일시적인 현상으로 한정해서 표현하는 느낌이 전달된다. 현재시제는 습관이나 과학적 사실처럼 늘 변함없는 상태를 말할 때 주로 쓴다. 현재 진행형으로 쓰면 표현이 좀 더 부드러워진다. 예를 들어, I'm hating this song이라고 하면 지금은 이 노래를 좋아하지 않지만, 앞으로는 좋아하게 될 수도 있다는 가능성을 나타낼 수 있다. 현재 진행형은 일시적인 상태나 일정 기간 동안 지속되는 상태에 대해 쓰는 표현이기 때문이다. 변함없는 사실처럼 표현하는 현재시제 I hate this song을 쓸 때보다 좀 더 부드러운 느낌의 표현으로 들린다.

다른 경우에도 동사에 -ing를 붙여서 표현하는 것이 예전보다 훨씬 많아졌다. have나 want 같은 동사도 -ing형 동사와 자주 쓰인다.

1) I had my daughter clean the room. 내 딸에게 방을 청소하게 했다.

1-1) I had my daughter cleaning the room.

2) I want you to behave nicely. 네가 예의바르게 행동하길 바란다.

2-1) I want you behaving nicely.

내가 학생이었을 때는 1)과 2)처럼 써야 한다고 배웠다. 나와 같은 세대의 사람들은 동사원형과 to부정사 대신, 1-1)과 2-1)처럼 도 쓴 걸 처음 접하면 깜짝 놀랄 것이다. 영어 원서를 읽다 보면 특히, 2-1)과 같이 want 다음에 -ing로 쓴 것을 자주 보게 된다.

다음은 애플의 광고 문구 Think different처럼 부사 대신 형용사를 쓴 예들이다. 다음의 경우도 비격식적인 informal 상황에 쓴다는 것을 염두에 두어야 한다.

He was real angry. 그는 정말 화가 났다.

Come here. Quick! 이리로 와. 빨리!

Just go slow. 그냥 천천히 가라.

Listen close. 귀 기울여서 잘 들어라.

You are doing good. 너 지금 잘하고 있어.

이처럼 부사 대신 형용사를 써도 전혀 어색하지가 않다. 구어체의 문체로 된 영어 원서를 읽다 보면 부사 대신 형용사를 쓴 것을 더 자주 볼 수 있다.

📖 자유롭게 넘나드는 품사

영어 품사의 경계가 예전보다 더 희미해져 간다는 느낌을 받을 때가 많다. 단어의 형태form를 바꾸지 않고도 품사를 자유롭게 넘나들며 쓴다. 동사를 명사(drive, travel, read, invite)로도 쓰고 명사를 동사(birth, room, sight, gift)로도 쓴다. 미시건대 교수이자 언어학자인 앤 커잔Anne Curzan도 자신의 저서 《The secret life of words: English words and their origins》에서 다음과 같은 예를 들며 이런 현상을 설명하고 있다.

동사를 명사로 쓰는 단어　hire, commute, update, cry, laugh, know (in the know '~에 대해 잘 알고 있는'처럼 동사 know를 명사로 쓰기도 함)

명사를 동사로 쓰는 단어   trash, network, google, privilege, video, impact

형용사를 동사로 쓰는 단어   clean

물론 이런 현상이 그다지 새로운 것은 아니다. 스티븐 핑커는 《언어본능The language instinct: How the mind creates language》에서 명사를 동사로도 쓰는 것은 이미 오래전부터 있었던 일이라고 말한다. 요즘은 점점 더 많은 명사를 형태 변화 없이 동사로 쓰는 것 같다. 언어학자들이 명사 'impact(영향)'를 '~에 영향을 끼치다'라는 표현의 동사로 쓰는 것에 대해 언급하는 것을 보면 더욱 그런 생각이 든다. 앤 커잔 교수는 'What makes a word real?'이라는 제목의 2014년 테드 강연에서 impact를 동사로 쓰는 것에 대해서는 치아에 대해 말할 때만 용인하는 것 같다고 말했다. 2017년에 발간된 베스트셀러 《The perfect English grammar workbook (by Lisa McLendon)》에서도 'impacted teeth(매복 치아)'외에 impact를 동사로 쓰는 것에 대해서 안 좋게 생각하는 사람들이 아직도 있다는 언급이 나온다. contact와 host도 동사로 인정받기까지 수십 년의 시간이 걸렸다고 한다. impact를 동사로 쓰는 것도 이와 비슷한 과정을 겪는 것 같다. 영어 원서를 읽다 보면 동사로 쓴 impact를 볼 수 있다. 2018년에 발간된 자기계발서 분야의 베스트셀러 《아주 작은 습관의 힘Atomic habits (by James Clear)》에도 impact를 동사로 쓴 문장이 나온다. 원어민들은 이미 동사로 쓰고 있는 것이다. 그리고 형용사도 동사로 다양하게 쓴다. 일부만 예를 들어 보아도 이렇다.

steady myself against the wall 벽에 몸을 지탱하다

busy myself making coffee 커피를 만드느라 바쁘다

warm up to him 조금씩 그가 좋아지다

near the kitchen 주방 쪽으로 가까이 가다

wait for the crowd to thin 모인 사람들의 수가 적어지길 기다리다

부사를 동사로 쓰기도 한다. up과 down이 대표적이다. 개인적으로 여운이 많이 남고 좋았던 소설 《스틸 앨리스 Still Alice (by Lisa Genova)》에도 up과 down이 동사로 쓰인 문장이 나온다.

3) Can we up the dosage of either the Aricept or the Namenda?

4) He looked at his watch, then downed the rest of his coffee.

하버드대 언어학 교수인 앨리스는 50세의 나이에 조기 치매에 걸린다. 3)은 앨리스의 치매 증세가 악화되자 남편이 의사에게 약

의 용량(dosage)을 올려도 될지 묻는 장면에서 나오는 문장이다. up을 'up the dosage(용량을 올리다)'라는 동사로 썼다. 4)는 남편이 남은 커피를 마시고 수업이 있다며 앨리스를 두고 가 버리는 장면에서 나왔다. down은 영어책을 읽다 보면 4)처럼 뭔가를 마실 때 쓰는 걸 자주 본다.

원어민들은 요즘 의미 전달에 문제가 없다면 더 간편하게 표현하는 방법을 선택하는 것 같다. 생략도 예전보다 더 많이 하고. 진행형도 더 많이 쓰고, 품사도 예전보다 더 자유롭게 넘나들며 쓴다. 격식을 갖춘 글에서는 좀 더 제한이 많고 원래의 규칙대로 써야 하지만 비격식적인 글이나 말에서는 예전보다 훨씬 자유롭게 표현하고 있다는 느낌이 든다.

잘 알려져 있듯이, 영어 문법은 보통 두 가지 관점에서 설명한다. 지켜야 하는 규칙을 설명해 놓은 규범 문법 prescriptive grammar과 사람들이 실제로 쓰는 문법인 기술 문법 descriptive grammar이다. 개인적으로 나는 이 두 가지 접근법이 다 필요하다고 본다. 정해진 규칙(규범 문법)만 따르려고 하다 보면 영어를 어렵게 생각해서 배우기가 더 어려워진다. 나는 수업 시간에 학생들에게 규범 문법과 기술 문법을 둘 다 알려 주려고 하는 편이다. 격식을 갖춘 영어 글쓰기에서는 규범 문법을 따르라고 하고, 말하기를 배울 때는 기술 문법에 관심을 가져야 영어가 빨리 는다고 말한다.

이제는 우리가 알던 영어보다 원어민이 쓰는 영어에도 관심을 가져 보자. 더 편하게 쓰는 것으로 바뀌어 가는 것을 보면 영어를 대하는 마음도 조금은 더 가벼워진다.

A
가

알던 단어도
다시 보게 만드는
문맥의 힘

문맥을 통해 저절로 알게 되는 단어의 의미

문맥에서 단어의 의미를 유추하는 것에는 특별한 비법이 없다. 아무리 생각해 봐도 떠오르지 않는다. 문맥을 통해 단어의 의미를 아는 데 가장 중요한 건 문맥 그 자체이기 때문이다. 문맥을 정확하게 이해하고 있으면 단어의 의미도 더 명확하게 다가온다. 딱 맞는 문맥을 만나면 뜻이 저절로 이해된다.

어린아이들도 문맥 안에서 처음 보는 단어의 의미를 배운다. 하루는 딸을 재우면서 그림 동화책을 읽어 주는데, '실패'라는 단어가 나왔다. 그날은 평소와 달리, 이 단어가 나오는 부분을 여러 번 반복해서 읽어 달라고 했다. 다 듣고 나더니 "실패한다는 게 이런 뜻이구나."라고 했다. 그러면서 재미있는 단어라고 말했던 기억이 난다.

성인이 영어 원서를 읽을 때도 처음 보는 단어의 의미를 문맥에서 저절로 알게 될 때가 있다. 다음은 《Fangirl (by Rainbow Rowell)》에 나오는 문장이다. 이 책은 학생들에게 가끔 소개하는데, 비슷한 또래의 주인공이 나오는 비교적 쉬운 문체의 성장coming of age소설이기 때문이다. 책이 두껍지만 읽다 보면 페이지도 금방금방 넘어간다.

여주인공 캐스Cath는 집에 급한 일(a family emergency)이 생긴다. 집에 가야 하는데 차가 없다. 일이 끝나면(when you get off) 운전해서 가 줄 수 있는지 다른 사람에게 부탁하는 장면이다. 기름값(gas money)을 주겠다는 말도 한다. 굉장히 미안해하며 부탁하는 상황을 떠올리면 된다. hassle의 의미를 추측해 보기 위해 우리말 해석 없이 원문을 그대로 옮겨 본다.

"Oh, Well, um, later when you get off, is there any chance you could drive me to Omaha? I know it's a big hassle, and I'll give you gas money. It's just, sort of, a family emergency."

아직 감이 오지 않는다면 다음을 한 번 더 읽어 보자. 같은 책에서 가져왔다. 이번에는 다른 상황이다. 룸메이트 레이건^{Reagan}은 리바이^{Levi}가 캐스를 태우기 위해 이미 출발했다고 알려 준다. 캐스가 한사코 걸어가겠다고 하자 레이건은 기다리는 것이 좋겠다(may as well wait)며, 리바이가 널 못 찾으면 그게 더 큰 hassle이 될 것이라고 말한다. 원문을 읽어 보자.

"Hello?" Reagan answered on the third ring. There was music in the background.

"It's Cath."

"Well, hello, Cath, how was your date?"

"It wasn't—Look, I'm just gonna walk home. I'll be fast. I'm already walking."

"Levi left as soon as the phone rang. You may as well wait for him."

"He doesn't have to—"

"It'll be a bigger hassle if he can't find you."

hassle은 여기서 '번거로운 일'을 의미한다. 이 단어를 처음 봤어도 문맥을 이해하면 무슨 뜻인지 알 수 있다. 내용을 이해하면 같은 상황을 겪었던 경험이 떠올라서 처음 보는 단어의 의미가 더 잘 와 닿기도 한다. 미안해하면서 부탁을 하거나 폐를 끼치지 않으려고 도움을 거절하려 애쓴 경험은 누구나 한 번쯤 있을 것이다. 문맥은 처음 보는 단어의 의미도 깨달아 알게 만드는 힘이 있다. 사전을 찾지 않고도 무슨 뜻인지 저절로 알게 될 때가 있다.

≡✐ 이미 알고 있던 단어의 또 다른 의미

문맥의 힘을 더 실감하게 되는 것은 알고 있던 단어의 또 다른 의미를 깨닫게 될 때이다. 책을 읽다 보면 알고 있던 단어의 새로운 쓰임을 알게 될 때가 훨씬 더 많다. 아는 단어의 또 다른 의미를 문맥 안에서 깨닫게 될 때 문맥의 힘을 더 실감한다. 처음 기억한 의미가 아무리 강력하게 머리에 자리 잡고 있어도 문맥의 힘은 이기지 못한다. 원래 알던 의미로는 문맥에 맞지 않아서 이해가 안 되기 때문이다. 딱 맞는 문맥을 만나면 누가 의미를 설명해 주지 않아도 저절로 안다.

다음은 《원더Wonder》의 후속작인 《Auggie and me: Three wonder stories (by R. J. Palacio)》에서 가져온 표현이다. 《원더》에 나왔던 세 명의 아이들이 각각 주인공인 세 개의 이야기로 구성되어 있다. 개인적으로 《원더》도 감동적이었지만 영어 표현을 찬찬히 들여다보며 읽었던 《Auggie and me》가 더 기억에 남는다. 《원더》는 읽은 지 오래돼서 그런지도 모르겠다. 다음에서 already의 의미를 추측해 보자.

1) Let's just go already, okay?
2) Mom: Get out of the car and go to school already!
   Son: Fine!
3) Charlotte, will you just drop it already?

1)은 일행에게 빨리 가자고 재촉하는 장면이다. 2)는 아들이 지각할까 봐 빨리 학교에 가라고 재촉하는 장면에서 나왔다. 3)은 샬롯이 어떤 노숙자에 대해 자꾸 얘기하는 바람에 가족들이 화내면서 제발 좀 그만하라(drop it)고 할 때 나온 말이다.

이런 상황에서는 already를 '이미' 혹은 '벌써'라는 의미로 보기 어렵다. 어떤 의미인지 아직 떠오르지 않는다면 다른 상황에서 생각해 보자. 사랑에 빠진 두 남녀가 드디어 로맨틱한 순간을 맞이했다. 머뭇거리는 남자 주인공에게 누군가 "Kiss her already!"라고 외친다. 당장 그녀에게 키스하지 않고 뭐하냐는 뜻이다. already는 이미 했어야 하는 일을 안 하고 있을 때 재촉하는 의미로 자주 쓴다. 책을 읽다 보면 문맥 덕분에 저절로 알게 된다. 설명을 따로 들을 필요가 없다.

영어 원서를 읽다 보면 알던 단어의 새로운 의미를 문맥 안에서 깨달아 알게 되는 일이 자주 일어난다. 익숙한 단어, process도 '과정' 혹은 '처리하다'라는 의미로 기억하는 경우가 많지만, 다음과 같은 문장에서 만나면 어떤 의미인지 다시 생각하게 될 것이다. 인기리에 방송되었던 미국 시트콤《아이칼리 iCarly》의 아역 배우였던 제넷 맥커디 Jennette McCurdy의 회고록《I'm glad my mom died》에서 가져왔다. 제목을 보고 놀랄 수 있는데, 몰입감 있게 잘 읽히는 책이다. 다음의 문장에서 process가 어떤 의미일지 생각해 보자.

And I'm staying at the Hampton Inn, room 223. And I'm sitting on the couch in 223, processing the fact that I just had my first kiss with him.

나는 Hampton Inn의 223호에 머물고 있는 중이다. 그리고 그와 방금 첫 키스를 했다는 사실을 받아들이며 223호의 소파에 앉아 있다.

It's been a week since Mark told me he's not my dad, and I've far from processed the information.

마크가 나에게 내 친 아빠가 아니라고 말한 지 일주일이 지났지만 나는 그 말을 전혀 받아들이지 못하고 있다.

process는 이와 같이 '큰일을 겪고 나서 시간을 들여 감정이나 생각을 정리한다'고 할 때도 쓴다. 이런 문맥 안에서 만나면 일처리 뿐 아니라, 감정 처리와 관련해서도 쓰인다는 것을 자연스럽게 깨닫게 된다.

이번에는 셰릴 스트레이드Cheryl Strayed의 회고록《와일드Wild: From lost to found on the Pacific Crest Trail》에 나온 단어 thick에 대해 살펴보자. 이 책은 2015년에 개봉된 리즈 위더스푼Reese Witherspoon 주연의 영화《와일드》의 원작이기도 하다. 작가가 암으로 급격히 몸이 쇠약해진 엄마를 모시고 병원에 가려고 준비하는 장면이다. 엄마는 양말과 신발도 스스로 신을 수 없을 정도로 몸이 안 좋아졌다. 겨우겨우 양말과 신발을 신겨드린다. 이제 엄마는 코트를 입는다. 이때 '엄마의 동작이 느리고 thick 했다'고 썼다. 이 단어를 몸동작movements에 쓴 것을 나는 이 책에서 처음 봤다. 해석 없이 원문을 읽으면서 thick의 의미를 떠올려 보기 바란다.

Her movements were slow and thick as she put on her coat.

많이 쇠약해진 엄마가 천천히 힘겹게 옷을 입는 모습에 대해 thick를 써서 묘사했다. 딸이 아픈 엄마에게 양말을 신겨 주던 장면은 thick의 쓰임과 함께 오래도록 잊지 못할 것 같다. 여기서 그 의미가 더 생생하게 기억에 남는 건 기억에 남는 상황에서 만났기 때문이다. 저자의 심리 묘사가 뛰어나서 상황에 몰입이 잘 된다. 몰입이 잘 되는 책은 문맥을 통해 새롭게 알게 된 단어의 의미와 그 단어가 나왔던 상황이 세트로 함께 기억에 남는다. 그래서 알던 단어의 새로운 쓰임을 더 잘 기억하게 된다.

알던 단어를 예상하지 못한 상황에서 만나면 영어 특유의 표현에서 느껴지는 즐거움도 맛볼 수 있다. 아주 오래전에 그림책을 읽다가 "Picture a gorilla and double it."이라는 문장을 만났다. 학교에서 아이들을 괴롭히는 못된 아이의 덩치가 얼마나 큰지를 묘사한 표현이다. 너무 오래전이라 어떤 그림책이었는지는 아무리 애를 써도 기억이 안 난다. 그러나 이 문장을 읽자마자 상상의 나래가 더 활짝 펴졌던 건 선명하게 기억하고 있다. 익숙한 단어 'picture(마음속에 그려 보다)'와 'double(두 배로 만들다)' 덕분이다. 우리말로 '고릴라를 떠올린 다음 그것을 두 배로 만들어 봐'라고 할 때와는 느낌이 다르다. 문맥 안에서 만나는 익숙한 단어는 새로운 쓰임을 더 잘 기억하게 해줄 뿐 아니라 상상의 나래도 더 활짝 펴게 만들어 준다. 확실히 문맥은 알던 단어도 다시 보게 만드는 힘이 있다.

작가 고유의 문체 및 표현 익히기

작가 고유의 문체

몇 년 전의 일이다. 종강하고 나니 한 학생이 이메일을 보내 왔다. 방학에 영어책을 읽고 싶은데 짧은 논픽션 위주의 글을 추천해 달라는 내용이었다. 학기 중에 사용했던 교재에 나온 글처럼 짧은 글이 여러 개 나오는 책을 원했다. 소설만 아니면 된다고 하는데, 별로 안 좋아하기도 하고 길이가 부담되기 때문이라고 한다. 그리고 도서관에서 구할 수 있는 책이면 더 좋겠다고 했다. 곰곰이 생각하다가 영문판 리더스 다이제스트^{Reader's Digest} 잡지를 권하며, 읽고 싶은 글을 골라 읽으라고 조언을 해 주었다.

만약 같은 질문을 또 받는다면 이제는 다른 조언을 해 주고 싶다. 짧은 책이라도 영어 원서를 한 권 읽어 보라고 설득할 것이다. 각각 다른 사람이 쓴 짧은 글을 읽는 것도 좋지만 이왕이면 한 사람이 긴 호흡으로 쓴 글인, 책을 읽어 보는 것이 영어 표현을 익히는 데에도 도움이 된다. 영어 원서는 짧은 호흡의 글을 읽을 때와는 다른 맛이 있다. 책 한 권을 읽다 보면 작가 고유의 매력있는 문체를 느낄 수 있는데, 작가 고유의 영어 표현 방식도 함께 익힐 수 있다.

딸이 고등학교 영어 시간에 영어로 된 고전과 현대 작품을 읽었다. 영어를 따로 배우거나 외국에서 살다 온 경험이 없는 우리 딸은 《위대한 개츠비 The great Gatsby (by F. Scott Fitzgerald)》, 《빌러비드 Beloved (by Toni Morrison)》, 《폭풍의 언덕 Wuthering Heights (by Emily Brontë)》, 《왜 나는 너를 사랑하는가 On love (by Alain de Botton)》 등을 다른 아이들보다 더 열심히 읽어야 했다. 처음에는 읽기 어렵다가 어느 순간 괜찮아지고, 새로운 책을 읽을 때 또 적응이 안 되다가 익숙해지고, 이런 과정을 반복했다고 한다. 작가별로 문체가 다 달라서 적응하는 데 시간이 필요했던 것이다.

장르, 작가의 배경, 대상 연령, 형식에 상관없이 작가마다 고유의 문체를 가지고 있다. 《The well-spoken thesaurus (by Tom

Heehler)》에는 작가와 유명인들의 특별한 표현 방식에 대한 예시가 잘 나와 있다. 헤밍웨이^{Ernest Hemingway}가 《누구를 위하여 종은 울리나^{For whom the bell tolls}》에서 평범한 단어를 이용해서 어떻게 시적인 느낌^{poetic feel}을 내는지 보여 준다. 캐나다의 국민 작가인 마가렛 앳우드^{Margaret Atwood}가 《시녀 이야기^{The Handmaid's tale}》에서 비유적인 표현^{figurative language}을 어떻게 활용하는지도 잘 보여 주고 있다. 《샬롯의 거미줄^{Charlotte's web} (by E. B. White)》에서는 작가가 어떻게 독자로 하여금 팽팽한 긴장감을 가지고 몰입해서 읽게 만드는 묘사를 하는지 알려 준다. 이렇듯 작가들은 자신만의 고유한 문체와 표현 방식을 가지고 있다.

로맨스, 스릴러, 논픽션 등의 장르 안에서도 작가마다 문체가 다르다. 흑인 작가들, 한국계 작가들끼리도 영어 문체가 모두 다르다. 아이들을 주인공으로 하는 소설을 쓰는 작가들도 모두 다른 문체를 가지고 있다. 시, 일기, 편지, 다큐멘터리 형식으로 된 소설을 읽어 봐도 작가마다 문체가 다르다는 것을 알 수 있다. 만화로 된 소설인 그래픽 노블도 그렇다. 모두 대화체로 되어 있다는 공통점이 있지만, 말투는 작가마다 다르다. 작가 자신이 평소에 쓰는 말투가 반영된 것이 아닐까 하는 생각도 든다. 우리나라의 유명 드라마 작가들의 대사도 각자 특유의 말투가 있는 것과 비슷하다.

테드 강연에서 사람들이 말하는 것을 들어 봐도 그런 생각이 든다. 테드는 분야별 전문가나 자신만의 독특한 경험을 가진 사람들이 나와서 지식, 생각, 경험을 대중과 공유하는 곳이다. 대부분이 영어로 강연을 한다. 영어라는 언어가 가지는 공통적인 특징은 공유하지만, 표현 방식은 모국어에 상관없이 강연자마다 다르게 들린다. 마치 각자 자신만의 고유한 언어로 말하는 것 같다. 말을 하는 사람의 단어 선택과 평소의 언어 습관, 강연의 주제에 따라 표현 방식이 달라진다. 같은 식구끼리 공유하는 비슷한 말투도 흥미롭다. 집마다 특유의 말투가 있는 것 같다.

작가별로 문체가 다른 것은 영어 학습자 입장에서 도움이 된다. 작가들이 가진 고유의 영어 표현 방식을 책 읽는 동안 충분히 접할 수 있기 때문이다. 한 작가의 책을 다 읽고 난 후 다른 작가의 책을 읽기 시작하면 문체가 다르다는 것을 금방 느끼게 된다. 영어 원서 읽기를 처음 시작하는 사람이라면 마음에 드는 작가의 작품을 차례로 읽어 보는 것도 좋다.

작가마다 즐겨 쓰는 특유의 표현들

책 한 권이라는 긴 호흡의 글을 읽다 보면 작가가 즐겨 쓰는 특정 표현을 다양한 상황에서 여러 번 만나게 된다. 계속 접하다 보면 그 표현이 어떤 상황에서 어떤 의미로 쓰이는 것인지 자연스럽게 배울 수 있다.《The secret diary of Adrian Mole, aged 13¾ (by Sue Townsend)》을 읽을 때 그런 생각을 가장 많이 떠올렸던 것 같다. 이 책은 제목 그대로 13살 남자아이의 일기이다. 영국 남자아이가 주인공이기 때문에 영국식 표현을 볼 수 있고, 일기라서 구어체로 되어 있다. 1992년에 출판되었고 일기는 1980년대가 배경이다. 오래전에 나온 책이지만 문체가 쉬운 편이고 성인들에게도 추천할 만한 책이다. 이 책이 워낙 인기가 있어서 그런지 그 뒤로 7권이 더 나와서 모두 8권의 시리즈가 있다. 특이하게도 이 책에는 dead가 자주 나온다. 이 책만큼 dead를 부사로 자주 쓴 책도 드물 것이다. 이런 식으로 썼다.

He is dead worried about dying. 죽는 것에 대해서 엄청 걱정하고 있다.

I put a dead serious expression on my face
얼굴에 진짜 심각한 표정을 지었다

그밖에도 다양한 형용사(good, lucky, brave, symbolic, cushy, awful, pathetic, grotty, mad, cheerful, happy, thin, weird, right) 앞에 dead를 썼다. 이 책을 읽고 나면 형용사를 강조하는 의미로 쓴 dead를 기억할 수밖에 없다.

영어 사용법에 관한 책으로 인기가 많은, 영국 저자의 책 《Practical English usage (by Michael Swan)》에서는 dead가 부사로 'exactly', 'completely', 'very'라는 뜻이 있다고 설명하고 있다. 이 책은 영어 사용법에 대한 설명을 찾아볼 때 유용하다. 구글에서 단어의 정의를 검색해 보면 부사의 쓰임에 대해서는 비격식적인 영국식 영어라는 설명이 나온다.

영국의 십 대 청소년 에이드리언^{Adrian}은 주로 형용사 앞에서 부사로 써서 아주 심각하다는 것을 'dead serious'라고 표현했지만, 영국 작가 데이빗 윌리암스^{David Walliams}의 작품《할머니는 도둑^{Gangsta Granny}》에서는 주인공 11살 남자아이가 'deadly serious'라고 한다. 이번에는 형용사 앞에 dead 말고 deadly를 이용해서 very의 의미로 쓴다는 것을 배우게 된다.

"But I have one condition," said the old lady with a deadly serious look in her eyes.
"하지만 한 가지 조건이 있어." 엄청나게 심각한 표정으로 할머니가 말했다.

He had heard about cancer, enough to know it could be deadly serious.
암에 대해 들어서 알고 있었다. 정말 심각할 수도 있다는 정도는 안다.

데이빗 윌리암스의 책도 문체가 쉬운 편이다. 영국 출신의 작가

로알드 달^{Roald Dahl}의 뒤를 잇는 작가라는 평을 듣기도 하지만 소설의 주제와 분위기는 완전히 다르다. 이 두 작가의 작품을 읽어 봐도 작가마다 문체가 다르다는 것을 쉽게 알 수 있다. 또 다른 작가들은 다른 방식으로 쓸 수도 있는데, 아래와 같은 상황에서는 부사로 쓸 수도 있다.

> I stop dead in my tracks 갑자기 멈추다
>
> I look him dead in the eye 그의 눈을 똑바로 쳐다보다

영어 원서 읽기는 영어의 표현 방식에 익숙해지는 과정이다. 한 작가의 문체에 익숙해진다는 것은 한 사람의 언어 표현 방식에 익숙해진다는 뜻이기도 하다. 한 작품에 푹 빠져서 재미있게 읽다 보면 작가의 문장 구성 방식과 어휘 사용에 익숙해져서 같은 작가의 다음 작품을 더 수월하게 읽을 수 있다. 좋아하는 작가의 작품을 원하는 만큼 읽고 나서 다른 작가의 작품을 읽으면 또 다른 사람의 표현 방식을 접하게 된다. 긴 호흡의 책 안에서 그 작가만의 표현 방식을 충분히 접하는 동안 또 다른 표현 방식을 익혀 나가는 것이다. 이런 과정을 반복하면서 다양한 방식의 영어 표현을 접하면 그만큼 영어가 더 익숙해진다.

짧은 영어 글은 이미 많이 접해 봤을 학생들이 이제는 긴 호흡

의 글인 영어책을 읽으면 좋겠다. 작가들 고유의 표현을 즐겁게 맛보면서 영어와 점점 친숙해져 가기를 바라 본다.

영어 원서에서 만나는
문화 이야기

언어와 문화의 관계

나는 영어 단어나 표현의 의미와 쓰임에 관심이 많다. 영어 원서를 읽다가 단어나 표현에 대한 설명이 나오면 그 부분은 더 관심 있게 보게 된다. 아이들 책인《Mockingbird (by Kathryn Erskine)》와《Front desk (by Kelly Yang)》, 자기계발서인《How to talk to anyone (by Leil Lowndes)》에서 봤던 설명이 기억에 남는다. 영어 표현뿐 아니라 문화에 관해서도 배울 수 있었다.

미국은 총기 소지가 합법인 나라이다 보니 안타깝게 총격 사건으로 가까운 사람을 잃는 내용을 다룬 소설을 가끔 만나게 된다. 《Mockingbird》도 그런 소설 중에 하나다. 11살 여자아이 케이틀린 Caitlin은 오빠를 잃었다. 그림 그리기를 좋아하고 기억력도 뛰어나지만, 아스퍼거 증후군을 앓고 있다. 단어의 의미를 이해하는 데에도 어려움을 겪기 때문에 이 아이에게 단어의 뜻을 설명해 주는 장면들이 자주 나온다. 소리에 민감하고 다른 사람의 감정을 잘 읽지 못하는 어려움도 겪는다. 오빠를 잃고 나서 상대의 감정을 이해하는 것(empathy)이 어떤 것인지, 힘든 일을 겪은 것에 대한 마음 정리(closure)는 어떻게 해야 하는지 배우려고 애쓰는 장면이 가장 기억에 남는다. 이 책에는 이 두 단어에 대한 설명과 상황이 잘 나와 있다. 상담 선생님은 케이틀린에게 empathy에 대해 이렇게 설명해 준다.

> You step out of your own shoes and put on someone else's because you're trying to BE that person for a moment.
> 다른 사람의 입장이 되어 보기 위해 자신의 신발을 벗고 그 사람의 신발을 신어 보는 것이란다.

다른 사람이 느끼는 감정을 이해하는 것이 empathy라는 설명이다. 한마디로 정의하면 '공감'이다. 상담 선생님은 다른 사람의 신발을 신어 보는 것에 비유해서 알려 준다. 케이틀린은 설명을 듣고 문자 그대로 자기 신발을 벗었다가 신어 본다. 집에 와서는 슬퍼하는 아빠의 마음에 대해 공감(empathy)하기 위해 아빠의 신발부터 쳐다보기도 한다.

다른 사람의 입장에서 생각해 보라고 할 때 쓰는 신발에 대한 비유는 원래 영어에 있는 표현이다. '자신의 신발을 벗고 다른 사람의 신발을 신는다(step out of your own shoes and put on someone else's)'라고 표현하거나 '다른 사람의 신발을 신어 본다(put oneself in another's shoes)'라고도 한다. 다른 사람이 겪는 고통과 아픔을 함께 느끼는 것이다. 신발에 대한 비유를 기억해 두면, 비슷하게 생긴 단어 'sympathy(동정)'와도 덜 헷갈린다. sympathy는 같이 마음 아파하기보다는 상대를 불쌍하게 여기는 마음이다.

아빠는 아들이 학교에서 일어난 충격 사건으로 사망했기 때문에 슬퍼한다. 아빠는 아들을, 케이틀린은 오빠를 잃은 것이다. 그래서 이 둘은 'closure(힘든 일에 대한 마음 정리)'가 필요하다. 케이틀린은 상담 선생님께 방법을 묻는다. '살면서 만나는 힘든 일에 대한 감정정리를 경험하는 상태(the state of experiencing an emotional conclusion to a difficult life event)'라는 사전적인 정의는 알지만 실제로 이해하는 데에는 어려움을 겪는다. 상담 선생님은 교회에 가거나 아빠도 케이틀린처럼 상담받는 것이 closure에 도움이 될 수 있을 거라고 조언해 준다.

중국인 이민자 가정의 씩씩하고 똘똘한 여자아이 미아[Mia]가 주인공인 《Front desk (by Kelly Yang)》에도 영어 표현과 문화에 대한 설명이 나온다. 어른이 읽어도 무척 재미있고 감동도 있는 책이다. 저자의 실제 경험을 바탕으로 쓴 책이나 다름없다고 한다. 미아의 부모님은 영어 표현과 문화 차이에 대한 이해 부족으로 해고당한 중국인을 도와준다. 미아는 이 중국인 아저씨를 위해, 오해하기 쉬운 영어 표현과 미국 문화에 대한 설명을 적어서 건네준다. 다음은 미아가 적어 준 것 중에서 책에 언급된 열 가지이다. 우리 문화와 비슷한 점이 있어서 흥미로웠다.

1) "Get out of here."라는 말을 듣고 진짜로 나가지 마라. 놀랐을 때 쓰는 표현일 뿐이다.

2) a piece of cake은 먹는 걸 의미하는 것이 아니다. 쉽다는 뜻이다.

3) riding shotgun은 총을 가지고 있다는 말이 아니다. 자동차 조수석에 앉는다는 뜻이다.

4) "What's up, dawg?", "How you doing, dawg?"라는 말을 들으면 기분 나쁘게 생각하지 마라. dawg은 dog이 아니다. 친구를 부르는 말이다.

5) "Sweet car!"라고 하면 좋은 차라는 뜻이다. 여기서 sweet은 달

다는 말이 아니다.

6) 비슷한 표현으로 sick가 있다. "Sick bike!"는 좋은 자전거라는 뜻이다.

7) dude는 남자인 친구ᵃ ᵐᵃˡᵉ ᶠʳⁱᵉⁿᵈ를 가리키는 슬랭ˢˡᵃⁿᵍ이다. 경찰, 직장 상사, 나이 드신 분들, 혹은 여자에게 쓰지 않는다.

8) 미국에서는 어떤 경우라도 가운뎃손가락을 치켜들면 안 된다. 미국인들은 가운뎃손가락을 기분 나쁘게 여긴다. 얼굴을 긁으려면 집게손가락이나 새끼손가락을 써라.

9) 아무데서나 신발을 벗으면 안 된다. 미국인들은 집안에서 신발을 신고 있는 것을 좋아한다.

10) 상대방의 외모가 바뀐 것에 대해 언급하면 안 된다. 중국에서는 "You look like you've gained weight!(살찌신 것 같아요!)"라는 말이 칭찬이지만 미국인들은 그런 말 듣는 것을 좋아하지 않는다.

언어와 문화는 따로 떼서 생각하기가 어렵다. 외국어를 배울 때는 그 나라의 문화에도 관심을 가질 수밖에 없다. 사람을 대하는 방법을 알려주는 책《How to talk to anyone: 92 little tricks for big success in relationships (by Leil Lowndes)》은 문화와 언어를 둘 다 배울 수 있어서 도움이 된다. 그중에 영어 표현에 관한 조언이 기억에 남는다. 상대를 칭찬할 때 평범한 단어 대신 특별한 단어를 사용하라고 하는 부분이 기억에 남는다. 여기서 주목할 것은 외국인에게 알려 주는 영어 표현이 아니라는 점이다. 어떻게 말해야 상대방에게 호감을 주는지에 대한 조언이다.

파티가 끝난 후 감사 인사를 하는 상황이다. 파티 호스트에게 wonderful 대신 "It was splendid/superb/extraordianry." 같은 형용사를 써 보라고 한다. 즐거운 시간을 보냈다고 말할 때도 호스트를 포옹하면서 "I had a glorious/magnificent/remarkable time." 같이 특별한 단어를 쓰라고 조언한다. 남자가 여자의 외모를 칭찬할 때 쓰는 표현을 알려 주는 부분도 마찬가지이다. "You look great!"에서 great 대신 elegant, stunning, ravishing 같은 단어를 써서 칭찬해 보라고 한다.

이 모든 제안의 핵심은 누구나 쓰는 평범한 형용사 대신 좀 더 특별한 형용사를 선택하라는 것이다. 저자는 자신의 책에도 다양한 어휘를 이용해서 글을 쓰고 있다. 다양한 영어 표현을 접해 보고 싶은 분들에게 이 책을 추천한다. 사람을 대하는 처세술에 관한 책이어서 다양한 상황에 대처하는 법을 배울 수 있고, 문화에 대해서도 알게 되고, 저자가 제시하는 영어 표현들도 볼 수 있는 재미가 있다. 영어 원서를 읽다 보면 자신도 모르는 사이에 문화도 접하게 된다. 문화를 모르면 언어 표현과 사용에 대한 이해도 부족하게 된다. 문화를 알면 언어를 배우고 쓰는 데도 도움이 된다.

나에게 맞는
영어 원서 고르기

영어 원서 읽기와
사전 찾기

📝 자신에게 맞는 단어 뜻 찾기 방법

영어 원서 읽기에 관해서 자주 등장하는 질문이 하나 있다. 읽는 동안 사전을 찾아야 할지 말아야 할지이다. 미국에 사는 나의 오랜 친구도 사전 찾기에 대해 나에게 물어본 적이 있다. 내가 영어 원서 읽기에 관한 책을 쓴다고 하니 가장 먼저 했던 질문이다. 한국에 있을 때 영어 강의를 오래 했고 영어책을 낸 저자이자, 영어 라디오 방송의 진행을 맡기도 했던 친구이다. 영어 원서를 읽다가 사전 찾는 것에 대해 궁금해하는 사람이 정말 많구나 하는 것이 실감 났다.

나는 그동안 내 맘대로 자유롭게 읽었던 것 같다. 우선 책을 읽는 장소에 따라 다르다. 지하철에서 이동할 때 읽으면 모르는 단어가 나와도 뜻을 잘 안 찾아보게 된다. 읽으면서 표시만 해 두고 지나갈 때가 많다. 집이나 카페에 앉아 읽을 때는 확실히 더 자주 찾아본다. 처음 보는 단어 중에 꼭 알고 싶은 단어가 있으면 영한사전을 한 번 찾아보고 만다. 기본 단어의 다양한 쓰임이나 비슷해 보이는 단어 사이의 의미 차이가 궁금해질 때는 모든 자료를 동원해서 궁금증이 풀릴 때까지 찾아본다.

어떤 유형의 책을 읽느냐에 따라 달라지기도 한다. 킨들Kindle에서 전자책으로 읽으면 사전 찾기에 대한 문제가 의외로 간단해진다. 킨들은 아마존에서 만든 전자책 리더기이다. 킨들 앱을 내려받아 사용해도 된다. 킨들 기기나 킨들 앱에서는 단어를 바로 검색해 볼 수 있다. 해당 단어를 손가락으로 지그시 누르기만 하면 사전으로 연동된다. 단어의 의미를 간단히 설명해 주는 워드 와이즈Word Wise 기능도 있다. 최소한의 영어 단어를 이용해서 설명해 주기 때문에 도움이 많이 된다. 'sob(소리 내서 울다)'는 cry loudly, 그리고 'practically(거의, 사실상)'는 almost, nearly라는 설명이 나오는 식이다. 영한사전의 우리말 뜻을 찾아보지 않아도 어떤 뜻인지 쉽게 알 수 있다. 간혹 문맥과 다른 의미가 제공되는 때도 있긴 하지만 알아차릴 수 있는 정도라서 괜찮다.

워드 와이즈 기능을 사용하기 위해서는 기억해야 할 점이 있다. 이 기능이 제공되지 않는 책도 있다. 아마존 웹사이트에서 책 제목으로 검색 후 도서 정보Product details에 가서 확인해 봐야 한다. 워드 와이즈 기능이 제공되는 책은 Word Wise: Enabled라고 되어 있다. Not enabled라고 쓰여 있으면 워드 와이즈가 안 된다는 뜻이다. 킨들 기기와 안드로이드 생태계의 태블릿과 휴대전화에서만 사용할 수 있다는 것도 주의해야 한다. 아이폰이나 아이패드에서는 워드 와이즈 기능을 쓸 수 없다. 킨들 앱을 자주 사용하는 사람들은 태블릿이나 휴대전화를 선택할 때 고려해야 하는 사항이 하나 더 생긴 셈이다. 샘플로 내려받은 텍스트에도 이 기능이 없다. 처음에 이걸 모르고 워드 와이즈를 찾느라 한참 헤맸다.

아예 처음부터 사전을 찾으면서 꼼꼼하게 읽는 것을 목표로 하는 방법도 있다. 좋아하는 분야의 책 중에 정독할 책을 몇 권 정해서 원하는 만큼 사전을 찾으면서 읽는 것이다. 어렵지만 꼭 읽고 싶은 영어책이 있을 때 도전해 볼 수 있다. 영어 단어와 표현을 많이 알게 된다는 장점이 있다. 단, 이 방법은 포기하지 않도록 주의해야 한다. 어려운 책을 끝까지 읽고 나면 성취감은 크겠지만 시간이 오래 걸린다. 단어 뜻에 대한 메모도 많이 해야 한다. 결국에는 영어 원서 읽기를 다시 시작할 엄두가 안 날 수도 있다. 다시 시작하려면 더 굳은 의지가 필요하다. 모르는 단어를 찾아보느라 익숙한 기본 단어들이 실제로 어떻게 쓰이는지 살펴볼 여유가 없다는 단점도 있다.

책을 읽는 동안 사전을 찾을지 말지의 문제는 생각보다 간단히 해결할 수 있다. 내 수준에서 쉽고 재밌고 만만한 영어 원서를 골라 읽으면 된다. 쉬운 책은 사전을 찾을 일이 거의 없다. 의미와 쓰임을 기억해야 하는 단어가 가끔 나오니 기억하기도 쉽다. 책이 재미있으면 사전 찾기에 대해 고민할 틈이 없다. 다음 내용이 너무 궁금해서 사전이고 뭐고 읽기 바쁘다. 어떤 상황인지 정확하게 알고 싶어서 사전을 찾아보지 않고는 못 배기는 단어를 만나기도 한다. 몰입해서 읽다 보면 알던 단어의 다양한 쓰임도 더 잘 이해된다. 내용을 잘 이해하고 있으면 처음 보는 단어의 의미를 저절로 알게 될 때도 있다.

하지만 어렵고 재미없는 책은 우선 내용에 집중이 안 된다. 내용을 정확하게 이해하지 못하기 때문에 의미와 쓰임을 기억해야 하는 기본 단어에도 관심이 덜 간다. 재미가 없으니 몰입이 안 돼서 모르는 단어의 의미를 유추하는 능력도 발휘가 잘 안 된다. 방금 읽은 문장을 내가 이해한 것이 맞는지에 대한 확신이 없으면 사전 찾기에 대한 고민은 별 의미가 없다. 사전을 계속 찾아가며 읽어야 한다. 이런 경우는 사전 찾기가 고민이라면 좀 더 쉽고 만만한 영어 책으로 바꾸는 것을 추천한다.

책을 읽다가 단어를 계속해서 찾아보게 되면 아무래도 집중력이 흐트러진다. 나의 경우는 기본 단어나 표현의 쓰임이 궁금해질 때가 문제였다. 어떤 단어 하나에 꽂히면, 읽고 있는 책의 저자가 어떤 방식으로 사용하고 있는지 모조리 찾아보기 시작한다. 구글링 Googling도 해 보다가 전혀 다른 주제에 대해 읽는다. 궁금한 부분이 설명된 영어 원서를 찾아 읽다가 아마존에 가서 책 검색을 시작하기도 한다. 유튜브를 찾아보다가 예전에 메모해 두었던 문장이 생각나서 노트를 뒤적여 본다. 그러다 보면 출출해져서 간식을 먹기도 한다. 책 읽기는 중단된 상태로 어느새 시간이 훌쩍 지나 있다. 단어 하나 알아보려다가 샛길로 빠질 때가 많았다.

더 알아보고 싶은 단어나 표현을 모아 두었다가 나중에 찾아보는 것이 나에게는 가장 잘 맞았다. 종이책을 읽을 때는 해당 단어에 표시해 두거나 앞 장에 붙여 놓은 큼지막한 포스트잇에 메모해 둔다. 색깔별로 구분해서 해당 문장에 포스트잇을 붙여 두기도 한다. 전자책을 읽을 때는 하이라이트 기능을 활용해서 표시해 두고 넘어간다. 하이라이트 표시를 해 둔 것은 나중에 한꺼번에 검색해서 찾아볼 수 있다. 다 읽고 나서 그중에 가장 궁금한 것으로 간추리면 된다.

영어책을 읽는 동안 사전을 찾을지 말지는 읽어 나가면서 자신에게 가장 잘 맞는 방법을 찾으면 된다. 어떤 장소에서 읽는지 어떤 책을 읽는지에 따라 많은 변수가 있다. 어떤 성향의 사람인지에 따라서도 달라진다. 모르는 단어가 나와도 신경 쓰지 않고 읽는 사람이 있다. 꼭 찾아보고 지나가야 직성이 풀리는 사람도 있다. 나중에 더 알아보겠다고 표시라도 해 두고 지나가야 마음이 편한 사람도 있다. 읽다 보면 자신에게 가장 잘 맞는 방법을 찾게 된다. 물론, 가장 좋은 선택은 사전 찾기에 대한 고민이 필요 없는, 쉽고 재미있고 만만한 책을 읽는 것이다.

영어 원서 고르는 다양한 방법

실패 확률이 적은 여러 가지 책 구매 방법

영어 원서 읽기에 관심을 가지기 시작한 지인에게 책을 어떻게 고르느냐는 질문을 받은 적이 있다. 생각해 보니 가장 궁금한 것 중 하나가 책을 고르는 방법일 것 같다. 처음 영어책을 읽기 시작했을 때부터 최근까지 나는 다음과 같은 방법으로 책을 골랐다.

서점에서 직접 보고 고르기

영어 원서 읽기를 막 시작했던 초기에는 서점에 가서 직접 구입한 책이 가장 많다. 진열대에 있는 책 중에서 골랐다. 운 좋게도 재미있는 책을 골라서 영어책을 꾸준히 읽을 수 있었다. 요즘에도 직접 보고 고르면 실패할 확률이 적은 편이다. 물론 《지저스 씨이오_Jesus CEO (by Laurie Beth Jones)》처럼 서점에서 보고 골랐지만 실패한 책도 있긴 하다. 크기도 작고 두께도 얇았지만 잘 읽게 되질 않았다. 그런데 지금 다시 읽어 보니 하루하루 묵상하면서 읽기 좋은 책이다. 책도 독자와 만날 때 서로 맞는 시기가 있나 보다.

국내 온라인 서점에서 고르기

그다음으로 많이 찾아봤던 방법은 국내 온라인 서점에서 외국 도서 베스트셀러 목록 중에 골라 보는 것이었다. 베스트셀러 목록을 살펴보고 목록에 오랫동안 올라 있는 책은 궁금해서 사 보았다. 새로 올라온 책은 반가워서 또 주문했다. 영어 원서를 검색하는 것이 재미있었다. 국내 온라인 서점의 가장 큰 장점은 할인이 된다는 것이었다. 서점에 직접 가서 책을 고른 후 집에 와서 온라인으로 주문했다. 할인도 받고 책을 사서 무겁게 들고 다닐 필요가 없어 좋았다.

영어 원서 읽기 카페 후기 참고하기

영어 원서 읽기 카페에 올라온 영어책 추천 목록도 참고했다.

자신이 읽은 영어책을 추천하거나 책 한 권을 함께 읽어 나가는 모임으로 구성되어 있었다. 후기와 추천 도서 목록을 참고해서 구입했다. 다른 사람이 재미있게 읽은 책이 나에게도 재미있으리라는 보장은 없지만 여러 사람의 입에 자주 오르내리는 책은 괜찮을 가능성이 크다. 요즘에도 온라인상에 크고 작은 영어 원서 읽기 모임이 있다. 이곳에서 사람들이 읽고 추천하는 책 중에 관심이 가는 책으로 골라 봐도 좋다. 여럿이 함께 읽으면 동기부여가 더 잘 되고 꾸준히 읽을 수 있다. 같은 영어책을 읽고 나눌 수 있는 커뮤니티가 있다는 것은 삶의 활력소가 되기도 한다.

중고서점 적극 활용하기

2014년부터는 주로 중고 서점에서 영어책을 구입하기 시작했다. 강남역에 있는 중고 서점에 자주 갔다. 그곳은 나만의 놀이터 같은 곳이었다. 어쩌다가 한 번씩 가면 책을 둘러보느라 시간 가는 줄 몰랐다. 한 시간은 기본이고 두 시간도 눈 깜짝할 사이에 지나갔다. 갈 때마다 새로운 책이 있는 것이 가장 좋았다. 팔리는 책도 많고 새로운 책이 계속해서 들어오기 때문이다. 항상 기대감을 갖고 방문하게 된다.

자주 가면 최근 트렌드를 읽는 데도 도움이 된다. 중고 서점으로 나오는 책들은 이미 베스트셀러인 경우가 많다. 사람들이 많이 보는 책들이 중고 서점으로도 많이 나오게 마련이다. 한 번은 책을 둘러보다가 빨간 연필이 표지에 크게 그려진 책이 눈에 뜨였다. 그 후에 갔을 때도 표지가 눈에 뜨였는데 그냥 지나쳤다. 나중에 보니 초베스트셀러 《배움의 발견Educated (by Tara Westover)》이었다. 그다음에 갔을 땐 보이지 않았다. 온라인 중고 서점에서도 이미 구하기 어려운 책이 되어 있었다.

중고 서점에 잘 가지 못했던 기간은 온라인 중고 서점을 이용했다. 내가 원하는 책을 사기 더 수월하다는 것이 가장 큰 장점이었다. 해당 책을 보유하고 있는 매장에서 주문하면 된다. 오프라인 매장에서는 갔을 때 없으면 살 수가 없다. 다만 온라인에서는 원하는 것을 직접 보면서 고르지 못한다는 점은 아쉬웠다. 막상 받아 보니 책의 상태가 예상보다 더 안 좋은 것들도 있었다. 장단점을 염두에 두고 활용하면 좋을 것 같다.

책 표지로 판단하고 고르기

책 표지만 보고 판단하지 말라는 서양의 속담이 있긴 하지만 실제로는 책 표지를 보고 고르는 것이 도움이 될 때가 많다. 소설책은 표지에 'Now a major motion picture'라고 쓰여 있으면 우선 관심을 가지고 살펴본다. '영화로 만들어진 책'이라는 뜻이다. 이런 책은 읽기에 성공할 확률이 높다. 재미와 의미가 둘 다 보장

되거나 최소한 재미라도 보장된다. 몇 년 전에 중고 서점에서 《네가 있어 준다면^{If I stay} (by Gayle Forman)》을 산 적이 있다. 작가 이름도 생소했던 이 책을 골랐던 이유는 단 하나다. 표지에 'Soon to be a major motion picture'라고 쓰인 스티커가 있었기 때문이었다. 이건 '곧 영화로 만들어질 예정'이란 뜻이다. 스티커 하나 보고 고른 이 책을 아주 재미있게 봤다. 바쁜 와중에도 자주 손이 가서 일주일 동안 틈틈이 다 읽었다. 영어가 쉬운 편이고 소재가 독특했다.

논픽션 중에 전공 서적이나 영어 관련 서적은 표지의 제목과 저자의 이름을 우선 확인한다. 주로 저자 이름을 기준으로 고르고 관심 분야의 주제로 된 책 중에 고른다. 베스트셀러 목록을 참고하는 것은 기본이다. 저자를 모르거나 처음 보는 주제의 책은 몇 번째 판^{edition}인지를 우선 살펴본다. 표지에 2nd edition이라고 나와 있으면 관심 있게 본다. 에디션 앞에 붙은 숫자가 높은 책일수록 더 먼저 살펴본다. 내가 몰랐던 유명한 책이거나 스테디셀러일 가능성이 크다.

모든 원서가 있는 곳, 아마존에서 검색하기

요즘은 주로 아마존에서 책을 검색한다. 아마존만 잘 이용해도 원하는 분야의 책을 충분히 알아볼 수 있다. 주제별, 나이별로 분류가 잘 되어 있다. 필요한 경우에만 구글 검색을 이용해서 원하는 주제나 장르의 책을 더 찾아본다. 아마존에서 마음 내키는 대로 책을 검색하기만 해도 시간이 금방 지나간다. 작가별로 어떤 책이 있는지 보고 장르별로 인기 있는 책도 알아본다. 아마존 웹사이트 상단에 있는 탭 중에 Books로 들어가면 된다. 처음 영어책 읽기에 도전하는 분은 Popular in Books 중에 Children's Books를 클릭해서 골라 보는 방법도 있다. 교사 추천Teachers' Picks, 편집자 추천Editors' Picks, 혹은 수상작Award Winners 등을 살펴봐도 좋다. 권장 연령대를 참고해서 흥미로워 보이는 주제를 고르면 대부분 성인이 읽기에도 괜찮다.

수상작을 모아 둔 곳에는 상 종류별로 책을 분류해 놓은 것도 볼 수 있다. 영어 원서 읽기 왕초보에서 벗어났다면 아동 문학상인 뉴베리상John Newbery Medal부터 살펴보면 좋다. 그 밖에 청소년 문학상인 프린츠상Michael L. Printz Award, 그리고 흑인 작가에게 주는 코레타 스캇 킹상Coretta Scott King Award 등을 수상한 작품도 찾아볼 수 있다. 미국에 뉴베리상과 프린츠상이 있다면 영국에는 카네기상Carnegie Medal이 있다. 영국 작가의 작품에만 주는 것은 아니다. 2021년에는 미국 작가, 제이슨 레이놀즈Jason Reynolds의 《집으로 가는 길Look Both Ways》이 수상하기도 했다. 제이슨 레이놀즈는 흑인 청소년을 위한 책을 주로 쓰는 작가이다. 대표작 중에 시 형식의 소설 《롱 웨이 다운Long Way Down》도 있다.

논픽션 종류는 관심 있는 주제가 생길 때 찾아보는 편이다. 주제별, 작가별로 필요한 부분을 검색한다. 나는 요즘 영어 사용법에 관한 책, 영어 글쓰기 책, 자기 계발서, 회고록 등에 관심이 많다. 하나를 검색하면 비슷한 주제의 책을 더 보여 주기 때문에 꼬리에 꼬리를 물고 찾아보게 된다. 회원 가입을 해 두면 책을 추천하는 이메일도 보내 준다. 내가 검색했던 책 중에 하나라서 가끔 열어 보게된다.

읽고 싶은 책 결정하기

최종 결정을 하기 전에는 아마존의 독자평 rating 개수를 확인한다. 제목 바로 아래에 별 표시 옆에는 독자평 숫자가 있다. 굿리즈 (www.goodreads.com)의 독자평도 좋지만, 아마존에서는 책 검색하다가 바로 읽어 볼 수 있어서 거기까지 잘 안 가게 된다. 아마존 독자평 개수가 만 개 넘는 책은 실패할 확률이 낮다. 장르에 따라 다르지만 내 경우는 천 개 이상만 되어도 괜찮았다. 독자평 개수가 많지 않더라도, 《그래도 내일은 희망 Hope was here (by Joan Bauer)》, 《쑤우프, 엄마의 이름 So B. It (by Sarah Weeks)》, 《줄리와 늑대 Julie of the wolves (by Jean Craighead George)》, 《빨간 그네를 탄 소녀Everything on a Waffle (by Polly Horvath)》등의 아이들 책은 성인들에게도 추천한다. 반대로 독자평의 개수는 많지만 안 좋은 평이 많은 경우도 드물게 있다. 독자평 개수에 너무 연연할 필요는 없는 것 같다. 자신에게 재미있는 책이 진짜 재미있는 책이다.

킨들 앱에서 샘플을 내려받아 읽어 보는 것도 최종 결정에 도움이 된다. 책의 난이도와 분위기, 작가의 문체 등을 충분히 살펴볼 수 있을 만큼 넉넉한 양을 제공한다. 한 번 내려받아 놓으면 언제든 편하게 열어 볼 수 있다는 장점이 있다. 아마존 웹사이트에서 책 표지 사진 바로 위에 Look inside라고 되어 있는 부분을 클릭해서 열어 봐도 된다. 여기서 열어 보는 샘플은 저장이 안 돼서 오히려 좋다. 읽을지 안 읽을지를 바로 결정하게 되고 더 많은 책을 탐색해 보게 된다. 책 표지 아래에 있는 오디오북 샘플을 들어볼 수도 있어서 나는 주로 이 방법을 이용한다.

또 다른 방법은 유튜브에서 책 소개하는 채널을 참고하는 것이다. 유튜브에서 책을 소개하는 여러 북튜버들에게 좋은 평을 받는 책에는 관심이 가기 시작한다. 여러 사람이 자주 언급하는 책은 읽게 될 확률이 높다. 홈쇼핑 방송을 보다 보면 자기도 모르게 물건을 사게 되는 것과 비슷한 심리이다. 자주 보는 책은 읽게 될 확률이 더 높아진다. 오며 가며 표지만 보다가도 결국은 읽게 되어 있다. 특히, 재미있는 책은 꼭 읽게 된다. 나의 경우는 사 놓은 지 10

년 만에 재미있게 읽은 책도 있다. 《청바지 돌려 입기 The sisterhood of the traveling pants (by Ann Brashares)》와 《알 카포네의 수상한 빨래방 Al Capone does my shirts (by Gennifer Choldenko)》이 그런 경우의 책이다. 그저 그런 아이들 책 중 하나이겠거니 했는데 숨은 보물을 발견한 기분이었다. 오래전에 사 두었던 책을 재미있게 읽다 보면 좋은 책을 골라둔 나의 안목에 내심 뿌듯해지기까지 한다.

표지를 자주 보는 것보다 효과가 좋은 방법이 있다. 가까운 사람이 읽어 보고 재미있다고 하는 책은 나도 읽어 보고 싶어진다. 관심이 전혀 없던 책에도 관심이 생긴다. 최근에는 《퀸스 갬빗 The Queen's Gambit (by Walter Tevis)》을 다음에 읽을 책 목록에 올려 두었다. 쉬는 시간에 이 책을 열심히 읽고 있던 학생에게 재미있다는 이야기를 들었기 때문이다. 넷플릭스에서 재미있게 보다가 영어 원서도 찾아 읽게 된 것이다. 영상을 통해 내용을 아니까 훨씬 더 잘 읽히고 생각보다 문체가 어렵지 않아서 좋다고 한다. 표지를 여러 번 보면서도 매번 지나치던 책이었는데 재미있다고 하니 호기심이 발동했다.

사실, 영어 원서를 고를 때 가장 큰 영향을 받게 되는 것은 책을 읽은 사람의 후기이다. 그래서 영어 원서를 이 책 여기저기에 최대한 소개해 보았다. 독자분들이 이 책을 통해 마음에 드는 좋은 책을 만나면 좋겠다. 좋은 책을 읽은 사람이 나누고 나눔을 받은 사람이 읽고 또 나누다 보면 좋은 책을 읽는 사람들이 점점 많아지지 않을까 하는 행복한 상상을 해 본다.

📝 종이책 영어 원서를 구입할 때 주의할 점

오랜만에 다음 영어 소설 세 권을 온라인 서점에서 구입했다.

1 The strange and beautiful sorrows of Ava Lavender (by Leslye Walton)
2 The seven husbands of Evelyn Hugo (by Taylor Jenkins Reid)
3 The storied life of A.J. Fikry (by Gabrielle Zevin)

그동안 읽고 싶었던 책 중에 심사숙고해서 고른 책들이다. 요즘은 킨들로 읽느라 종이책을 오랜만에 구입했다. 책이 올 때까지 더 손꼽아 기다려졌다. 그런데 책을 받고 나서 좀 속상했다. 이 세 권 중에 가장 읽고 싶었고 기대가 컸던 책,《The seven husbands of

Evelyn Hugo (by Taylor Jenkins Reid)》가 문제였다. 읽은 사람마다 극찬하는 걸 듣고 꼭 읽고 싶던 책이었다. 그런데 글자가 너무 작았다. 줄 간격도 좁아서 읽기가 더 힘들었다. 미세한 차이라서 어떤 사람은 잘 모를 수도 있다. 킨들로 이미 시원시원한 줄 간격과 글자 크기를 경험하고 난 뒤라 글자가 더 작게 느껴졌는지도 모르겠다. 글자가 작으니 책을 읽게 되지 않았다.

오랜만에 종이책을 주문하다 보니 깜빡했다. 종이책 영어 원서를 구입할 때는 글자 크기와 줄 간격, 책의 판형까지 확인해야 한다는 것을. 킨들로 읽는다면 상관없다. 글자 크기와 줄 간격을 조절할 수 있고, 글자 모양까지 바꿀 수 있기 때문이다. 종이책은 책마다 글자 크기와 모양, 줄 간격이 다 다르다. 같은 표지의 책이 크기가 다르게 나오기도 한다.

코로나가 있기 전에는 서점에서 책을 직접 보고 바로 구입하거나 나중에 온라인으로 주문하곤 했다. 《크레이지 리치 아시안Crazy rich Asians (by Kevin Kwan)》을 서점에서 보니 줄 간격이 너무 좁아서 읽을 엄두가 안 났다. 꼭 읽고 싶은 책이었는데 구입을 포기했었다. 우리나라 책은 대부분 가독성이 좋게 편집되어 있어서 별로 신경 쓸 필요가 없는 것 같다. 영어 원서는 페이퍼백으로 나올 때 책의 크기가 작아지면서 글자도 함께 작아지는 경우가 있다. 페이퍼백은 종이 표지로 된 책을 말한다. 처음에는 단단한 하드커버로 출판되고 시간이 지나면 페이퍼백으로 나온다. 가격이 더 저렴하고 크기도 더 작고 가볍다.

특히 고전이 작은 페이퍼백으로 나온 경우는 줄 간격이 좁고 글자가 빼곡하게 들어 있어서 가독성이 크게 떨어지는 경우가 있다.《호밀밭의 파수꾼The catcher in the rye (by J. D. Salinger)》은 리틀 브라운 북스Little Brown Books 출판사와 베이 백 북스Bay Back Books 출판사에서 발행한 페이퍼백 두 권을 가지고 있었다. 처음에 구입했던 리틀 브라운 북스의 책은 글자 모양과 줄 간격의 상태가 가독성이 매우 떨어졌다. 결국 나중에 구입했던 베이 백 북스의 책을 읽고 한 권 더 사 두길 잘했다고 안도했다. 처음에 샀던 책만 있었다면 나는 평생 《호밀밭의 파수꾼》을 읽지 않았을지도 모른다.

어느 출판사에서 나온 책이냐에 따라 글자 모양과 크기가 달라지기도 한다. 딸이 추천했던《위대한 개츠비The great Gatsby (by F. Scott Fitzgerald)》를 나도 구입해서 다 읽고 보니 딸과 나는 각자 다른 출판사의 책을 가지고 있었다. 나는 딸이 읽은 책의 글자가 눈에 더 잘 들어왔다. 종이 질도 더 좋아서 읽기 편했다. 딸이 읽은 책은 미국의 스크리브너Scribner 출판사 것이고 내가 읽은 것은 영국의 펭귄 북스Penguin Books에서 출판한 책이었다. 미국 작가의 소설이지만 영국에서 출간된 책이라 등장인물이 말하는 부분이 모두 작은따옴표로 처리되어 있었다.

영어 원서는 같은 책이라도 크기가 다르게 출간되기도 한다. 작은 판형의 책을 사서 힘들게 읽었는데 똑같은 페이퍼백이 큰 판형으로도 있다는 걸 알고 아쉬웠던 적이 있었다. 오래전에 《스타걸 Stargirl (by Jerry Spinelli)》을 읽고 나서 다른 크기의 책이 있을 수 있다는 걸 처음 알았다.

우연히 제리 스페넬리 작가의 《Crash》를 읽고 《스타걸》을 읽기 시작했다. 덜 유명한 책이 이 정도면 잘 알려진 《스타걸》은 믿고 읽어도 되겠다는 생각이 들었다. 역시 좋았다. 아이들 책 중에 어른인 내가 읽고 더 감동을 받는 경우가 있다. 이 책도 그런 책 중의 하나였다. 게다가 영어가 쉬운 편이고 얇은 책이다. 작은 글자임에도 불구하고 지하철에서 틈틈이 읽었다. 몇 년 후에 《스타걸》을 강남역의 중고 서점에서 봤다. 표지까지 똑같은 책이 더 큰 판형으로 나와 있었다. 알고 보니 《크레이지 리치 아시안》도 같은 표지의 더 큰 책이 있었다. 미리 알았더라면 큰 판형의 책을 사서 편하고 재미있게 보았을 것이다.

줄 간격이 넉넉하고 글자가 크면 영어책이 만만해 보이는 장점도 있다. 아들 셋을 모두 동경대 의대에 보낸 어떤 일본 엄마는 어려운 수학 문제를 크게 확대해서 한 장에 두세 문제만 있도록 출력해 주었다고 한다. 페이지에 남는 공간이 많고 글자가 크면 문제가 더 쉬워 보이기 때문이었다. 덕분에 아이들이 어려운 수학 문제에 겁먹지 않고 공부를 잘했다고 한다. 영어 원서도 글자가 크고 줄 간격의 정도가 적당해야 만만해 보인다. 눈이 편안하면 마음도 편안해진다. 종이책 영어 원서를 구입할 때는 좀 번거롭더라도 직접 확인하고 고르면 끝까지 읽게 될 확률도 더 높아진다.

지하철에서도 읽을 수 있는 책

지하철에서 읽기 좋은 책

나는 출퇴근 하는 시간을 활용하기 위해서 영어책을 읽기 시작했다. 지하철로 이동하는 시간이 하루에 두 시간 정도 되었다. 지하철에서 잠들어 버리는 시간이 너무 아까웠기 때문에 자지 않으려면 재미있게 읽을 수 있는 책이 필요했다. 책이 조금이라도 재미가 없으면 금방 잠이 쏟아지고 만다. 그러나 재미있는 영어책을 읽으면 커피를 마신 것 같은 각성 상태가 되어 졸 틈이 없다.

지하철에서 읽을 만한 영어책을 고르는 나만의 기준이 자연스럽게 생겨났다. 첫째, 문체가 쉽고 재미있어서 술술 읽혀야 한다. 둘째, 글자 크기와 줄 간격이 적당해서 가독성이 좋아야 한다. 셋째, 가지고 다녀야 하니 두께와 무게가 적당해야 한다. 이런 책을 고르면 성공이다. 지하철에서 읽지 않더라도 영어 원서 읽기에 성공할 가능성이 커진다. 돌이켜 보니 내가 초기에 읽었던 책들은 이 세 가지 조건을 갖추고 있었다.

다음은 내가 지하철에서 영어책 읽는 습관을 들이게 된 일등 공신들이라 할 수 있다. 시드니 셸던Sydney Sheldon의 추리 소설 시리즈와 니콜라스 스파크스Nicholas Sparks의 로맨스들, 그리고 쇼퍼홀릭Shopaholic 시리즈로 유명한 소피 킨젤라Sophie Kinsella의 가볍고 유쾌한 책들이었다. 약간 더 묵직한 분위기의 작가인 존 그리샴John Grisham의 책도 읽었다. 아이들 책 중에는 로알드 달Roald Dahl, 주디 블룸Judy Blume, 이엘 코닉스버그E.L. Konigsburg의 책을 재미있게 봤다.

시드니 셸던의 책은 1998년에 나온 《텔 미 유어 드림Tell me your dreams》으로 시작했다. 문장 길이도 짧고, 추리 소설 특유의 긴장감과 흡입력이 대단했다. 마지막 부분이 특히 기억에 남는다. 생각지도 못했던 반전에 무척 놀랐었다. 아무런 사전 정보 없이 읽어서 더 좋았던 것 같다. 처음 선택하는 영어책으로 좋았고 이동 중에 사전을 찾아볼 필요도 없어 지하철에서 읽기에도 좋았다. 이런 책을 쓰는 작가의 책을 더 읽어 보지 않을 수 없었다. 그때 읽었던 책들이 아직도 책꽂이에 다 꽂혀 있다. 요즘 다시 읽는다면 어떤 느낌일지 궁금하다.

로맨스 작가인 니콜라스 스파크스의 《노트북The notebook》도 잊을 수 없다. 노아와 앨리의 로맨스도 좋았지만 노부부가 되었을 때의 이야기가 감동적이었다. 덕분에 그 후속작인 《The wedding》도 읽게 되었다. 노아와 앨리의 딸과 사위가 주인공이다. 이 책 역시 기대를 저버리지 않았다. 고등학생들이 주인공인 《워크 투 리멤버A walk to remember》도 좋았다. 너무 뻔한 주제 같지만, 이야기를 이끌어 가는 작가의 뛰어난 능력 덕분에 전혀 지루하지 않았다. 니콜라스 스파크스는 독자를 책에 몰입하게 만드는 힘을 가졌다. 로맨스를 별로 안 좋아하는 나도 이 작가의 책을 꽤 여러 권 보았다. 영화화된 책들이 많은 걸 보면 사람들이 느끼는 것은 비슷한가 보다. 대중적인 사랑을 많이 받는 로맨스 작가이며, 요즘에도 왕성하게 활동하고 있다.

소피 킨젤라의 책 중에 레베카Rebecca를 주인공으로 하는 쇼퍼홀릭 시리즈도 빼놓을 수 없다. 제일 처음 읽었던 책은 《Confessions of a shopaholic》이었다. 이 책은 호불호가 갈리기도 한다. 특히 남자들은 그다지 좋아하지 않을 것 같다. 하지만 나는 지하철로 출퇴근하는 동안 재미있게 잘 보았다. 구어체의 영어에 톡톡 튀는 문장 스타일, 그리고 마치 할리우드 영화를 보는 듯한 전개와 마무리가 흥미로웠다. 책을 다 읽고 나서 이 책은 영화로 만들어도 좋겠다 싶었는데 그 뒤로 정말 영화화되었다. 영화보다는 책이 훨씬 재미있었다. 소피 킨젤라는 그 뒤로도 연애, 결혼, 육아, 이복자매 이야기, 기억상실증에 걸린 이야기 등을 내놓았다. 모두 재미있었다. 《Mini shopaholic》을 열 번째 책으로 읽을 때쯤 흥미가 떨어져서 더 읽지 않게 되었다. 요즘 추억의 작가 책들은 우선순위에서 자꾸 밀리게 된다. 그래도 소피 킨젤라의 책 중에 《I've got your number》와 《Finding Audrey》는 조만간 읽어 보려고 목록에 올려 두고 있다.

존 그리샴의 책 중에서는 《The firm》을 제일 처음에 읽었다. 이 책 역시 손에 땀을 쥐게 하는 흡입력이 대단했다. 존 그리샴의 책은 법정 관련 소설이 많은데 《Skipping Christmas》처럼 아주 유쾌한 작품도 있다. 해마다 크리스마스가 다가올 때마다 생각나는 책이다. 《A painted house》는 1950년대 미국 남부의 목화 농장을 배경으로 하는 이야기이다. 다른 책들에 비해 흥미진진하진 않았지만 쉬는 시간에도 틈틈이 읽었던 기억이 난다. 청소년을 위해 쓴 법정 소설 《Theodore Boone》 시리즈 일곱 권도 있다는 걸 최근에 알게 되었다. 학생들에게 소개하면 어떨까 해서 읽어 봤는데 생각보다 아주 흥미진진하지는 않아서 첫 번째 책을 읽다가 말았다. 그러나 문체가 비교적 쉬운 편이기도 하고 미국의 재판 과정이나 관련 어휘에 대해 알 수 있다는 장점은 있다.

아이들 책도 재미있게 읽었다. 로알드 달과 주디 블룸 그리고 이엘 코닉스버그의 책이 좋았다. 로알드 달의 책은《마틸다Matilda》로 시작했는데 재미있어서 다른 책들도 찾아 읽기 시작했다. 아이들을 위해 쓴 책들이지만 어른이 읽어도 좋아서 원서 읽기에 관심이 있는 사람들 사이에 요즘도 인기이다. 오래전이라 주디 블룸의 책은 어느 것부터 읽기 시작했는지 기억이 잘 나질 않는다. 처음에 읽은 책이 좋았기 때문에 바로 다른 책을 찾아 읽기 시작했던 것만은 확실하다. 주디 블룸은 자신의 책을 모두 찾아 읽게 만드는 힘이 있었다. 로알드 달의 책은 여덟 권쯤 읽고 나니 더 읽고 싶은 마음이 들지 않았지만, 주디 블룸의 책은 열 권을 넘게 읽어도 지루하지 않았다. 나와 잘 맞았다. 현실적인 주제를 다루고 결말도 현실적인 것이 마음에 들었다. 아주 얇고 쉬운 책부터 부피가 있는 책까지 다양하게 골라 읽을 수 있다. 이엘 코닉스버그의 책들도 좋았다. 주디 블룸의 작품을 읽을 때와는 문체의 느낌이 달라서 더 흥미롭게 읽었던 기억이 난다.《클로디아의 비밀From the mixed-up files of Mrs. Basil E. Frankweiler》,《퀴즈 왕들의 비밀The view from Saturday》,《내 친구가 마녀래요Jennifer, Hecate, Macbeth, William McKinley, and me, Elizabeth》 등이 재미있었다. 번역서 제목을 보면 읽어 보고 싶은 생각이 들지 않을 수도 있다. 하지만 막상 원서를 읽어 보면 성인이 읽어도 유치하게 느껴지지 않는다.

이 책들을 짧은 기간에 집중적으로 읽은 것은 아니었다. 연달아 읽기도 하고, 시간 차이를 한참 두고 읽기도 했다. 하지만 꾸준히 읽을 수 있었던 건 이 세 가지 이유 때문이었다. 쉽고 재미있어서 안 졸리고, 글자 크기와 줄 간격이 적당해서 가독성이 좋고, 휴대가 간편했기 때문이다. 모두 페이퍼백으로 읽었다. 그 이후로도 책을 고를 때 이 세 가지가 가장 중요한 조건이었다. 이 기준으로 고르면 실패할 일이 거의 없었다.

그러고 보니, 이제 나는 전자책 리더기인 킨들로도 읽고 있다. 가독성이 떨어지는 책과 휴대가 힘든 책은 킨들로 읽으면 된다는 선택지가 하나 더 생겼다. 꼭 읽고 싶은 책이라면 가독성과 휴대의 간편함은 고려할 필요가 없어졌다. 킨들에서는 얼마든지 줄 간격과 글자 크기 조절이 가능하다. 책의 두께와 무게도 문제가 안 된다. 항상 들고 다니는 휴대전화의 킨들 앱으로도 읽을 수 있다. 최근에 킨들로 재밌게 읽은 《파친코Pachinko (by Min Jin Lee)》를 검색해보니 종이책이 512쪽이라고 나온다. 들고 다니며 읽어야 했다면 읽을 엄두가 안 났을 것이다.

시행착오의 중요성

📝 취향에 맞는 책을 찾기 위한 여정

시행착오를 겪어 봐야 자신에게 맞는 재미있는 영어 원서를 찾을 수 있다. 처음에 몇 번의 실패로 포기해 버리면 영어 원서를 안 읽게 된다. 영어 원서 읽기에 조금이라도 관심이 있다면 시행착오를 겪을 마음의 준비만 더하면 된다.

지인 중에 센스 있게 스카프를 잘 두르는 사람이 있다. 나는 모처럼 백화점에 가도 뭘 골라야 할지 몰라서 난감할 때가 많았다. 고심 끝에 골라 와도 결국 매번 똑같은 스카프를 똑같은 방법대로 두르게 된다. 그래도 마음 한쪽에는 항상 아쉬움이 남아 있었다. 어느 날 지인에게 물어봤다.

나　스카프들이 다 예쁘네요. 예쁜 스카프 고르는 비결이 뭐예요?

지인　자꾸 사 보면 돼요. 제가 워낙 좋아해서 집에 스카프가 많아요.

많이 사면서 시행착오를 겪다 보면 자신에게 어울리는 스카프를 고르는 안목이 생긴다는 것이다. 알고 보니 스카프 마니아라 스카프를 굉장히 좋아해서 많이 샀다고 한다. 바닥에 펼쳐 놓고 이렇게 묶어 보고 저렇게 묶어 보기도 하는 것이 참 재미있다고 한다.

나도 관심은 많았는데, 시행착오를 겪어 볼 기회가 너무 적었다. 겨우 몇 번 시도해 보고 '나는 스카프 고르는 안목이 없는 사람'이라는 결론을 내렸다. 재미있게 읽을 수 있는 영어 원서를 고르는 과정도 똑같다. 영어 원서를 읽고 싶은 마음이 있다면 우선 거기서부터 시작하면 된다. 초기에 책 고르는 것에 몇 번 실패했다고 낙담하고 그만두면 안 된다. 시행착오를 겪을 충분한 기회를 스스로에게 주어야 한다. 만약 초기에 몇 번의 실패로 포기하게 되면 '나는 영어 원서를 못 읽는 사람'이라는 결론만 얻고, 원서 읽기를 다시는 시도하지 않게 될 것이다.

영어 원서 읽기를 처음 시작하는 사람일수록, 시행착오 없이 단번에 마음에 드는 책을 고르기는 더 어렵다. 만약 그런 사람이 있다면 굉장히 운이 좋은 사람이다. 돌이켜 보면, 나도 그동안 읽다만 영어책들이 정말 많다. 《플립Flipped (by Wandelin Van Draanen)》을 읽고 좋아서 같은 작가의 또 다른 책 《The running dream》을 읽었는데 생각보다 별로였다. 《플립》은 문체도 쉬운 편이고 어른이 읽어도 감동이 남는 책이었다. 잘 알려진 작가의 책이라서 믿고 구입했던 《Dating game (by Danielle Steel)》은 여러 번 마음을 다잡아도 진도가 나가질 않았다. 너무 지루했다. 《트와일라잇Twilight (by Stephenie Meyer)》은 남자 주인공을 너무 멋지게 그려 놔서 나이든 내가 읽기엔 정서가 맞지 않았다. 문체가 쉬운 편이고 영화로도 나와 있어서 괜찮으면 학생들에게 추천하려고 했는데 도저히 읽을 수가 없었다. 영화로도 나온 베스트셀러 《먹고 기도하고 사랑하라Eat, pray, love (by Elizabeth Gilbert)》도 딱히 재미가 없었다. 이뿐이 아니다. 그 유명한 《해리 포터Harry Potter》 시리즈도 나는 재미있다고 느끼지 못했다. 1권이 곧 영화로 나온다는 소식을 듣고 영화로 만들어질 정도로 인기라니 어떤 책일지 궁금해서 부랴부랴 읽기 시작했지만 4권 중간까지 읽다가 그만두었다. 그 이후로 다시 읽어본 적이 없다.

생각나는 대로 적은 것이 이 정도이다. 실제로는 이보다 훨씬 더 많다. 만약 처음 읽는 영어 원서로 앞에서 언급한 책 중의 하나를 선택했다면 나도 영어 원서 읽기를 포기했을 지도 모른다. 모처럼 마음먹고 영어 원서를 읽어 보려고 하는데 운이 없게도 재미없는 책을 연속해서 세 번, 네 번 만났다고 생각해 보자. 평생 영어 원서 읽기를 다시는 시도하지 않을 수도 있다.

영어 원서를 고를 때는 좀 더 열린 마음으로 탐색하다 보면 마음에 드는 작품을 만날 가능성이 더 커진다. 우리말로 책을 읽을 때는 안 좋아하는 장르라도 영어 원서를 읽을 때는 다를 수 있다. 나는 원래 로맨스를 좋아하지 않는데 영어 원서로 읽을 때는 재미있게 잘 보는 작가의 책이 있었다. 초기에 읽었던 니콜라스 스파크스나 최근에 읽게 된 콜린 후버의 로맨스였다. 이야기에 몰입해서 읽게 만드는 작가는 성인 독자조차도 청소년 대상의 로맨스에도 빠져들어 읽게 만든다. 대표적인 청소년 소설YA 작가 중의 한 사람인 니콜라 윤Nicola Yoon의 《The sun is also a star》와 《Everything, everything》은 거부감 없이 잘 읽혔다. 유튜버의 추천으로 큰 기대를 안고 읽기 시작했던 《Anna and the French kiss (by Stephanie Perkins)》는 생각보다 너무 별로라고 하면서도 끝까지 읽게 만드는 책이었다. 심지어 십 대 아이들의 로맨스인 《내가 사랑했던 모든 남자들에게To all the boys I've loved before (by Jenny Han)》를 읽을 때는 마흔이 넘은 나이에 가슴이 설레기까지 했다.

영어 원서를 고르던 중 책 표지만 보고 그냥 지나칠 뻔한 적이 있었다. 그 책은《건지 감자껍질파이 북클럽The Guernsey literary and potato peel pie society (by Mary Ann Shaffer, Annie Barrows)》이었다. 책을 바탕으로 만든 영화의 남녀 주인공이 표지에 나와 있었다. 이 둘의 애틋한 모습을 보고 순도 100% 로맨스인 줄로만 알고 읽지 않으려다가 워낙 유명한 책이라 읽어 봤다. 읽다 보니 단순한 로맨스가 아니라 전쟁을 겪으며 삶을 살아 온 사람들의 이야기라는 것을 느끼게 되었다. 제2차 세계 대전 당시 독일에 점령되었던 영국의 건지Guernsey 섬사람들의 휴먼 스토리가 더 감동적으로 다가왔다. 하마터면 책 표지 때문에 좋은 책을 놓칠 뻔 했다.

처음 읽는 책으로 맘에 드는 영어 원서를 찾으려면 자신만의 시행착오 경험이 필요하다. 이 경험은 그 누구도 대신해 줄 수 없다. 앞서 이야기했듯 각자 취향과 영어 능숙도가 다 다르기 때문이다. 최대한 열린 마음으로 탐색해 보기를 추천한다. 어떤 장르를 좋아하는지, 어느 정도 수준의 영어 문장이 나에게 맞는지, 어떤 작가의 스타일에 흥미를 느끼는지 마음껏 탐색하고 시행착오를 겪어 보아야 한다. 영어 원서 읽기가 익숙해지면 관심 있는 주제나 장르의 책을 자연스럽게 찾아 읽는다. 좋아하는 작가도 생기고 결국 그 작가의 책을 거의 다 찾아 읽게 된다.

영어 원서 읽기가 익숙해진 다음이라도, 고른 책이 재미없다면 다른 책을 찾아 읽어 보자. 아깝다고 한 달 걸려서 한 권 겨우 읽는 것보다, 재미있는 책을 행복하게 두 권 읽는 것이 훨씬 낫다. 그래야 영어 원서를 즐기면서 오랫동안 취미 삼아 재미있게 읽게 될 확률이 더 높아진다. 그렇지 않으면 원래의 지루하고 재미없는 영어 공부 방법으로 다시 돌아가야 한다. 매일 하던 스카프를 똑같은 방법으로 다시 두르게 되는 것처럼.

5장

장르별 추천
영어 원서

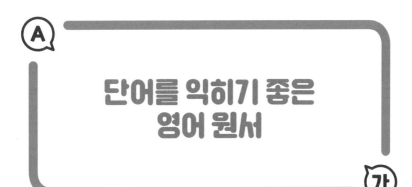

단어를 익히기 좋은 영어 원서

📖 문맥 안에서 익히는 단어의 쓰임과 언어유희

쓰임이 다양한 기본 단어일수록 문맥에서 익히는 것이 더 효율적이다. 상황 안에서 경험한 단어는 의미를 이해하고, 기억하기가 더쉽다. 영어책 중에 기본 단어의 다양한 의미를 재미있는 상황 안에서 표현한 책을 소개해 본다. 아이들 책이지만 영어 원서 읽기를 시작하는 성인들에게도 유익하다. 두 개는 그림책이고 하나는 챕터북이다. 챕터북은 말 그대로 챕터별로 구성된 책이다. 그림보다 글자가 더 많아지기 시작하는 단계의 책을 챕터북이라고 부른다.

1 Amelia Bedelia 시리즈 (by Peggy Parish)
2 Black Lagoon 시리즈 (by Mike Thaler)
3 My weird school 시리즈 (by Dan Gutman)

그림책 중에 가장 먼저 소개하고 싶은 책은 《아멜리아 베델리아Amelia Bedelia (by Peggy Parish)》 시리즈이다. 이 책은 리더스북 시리즈 중 '아이 캔 리드I can read' 2단계에 들어 있는 그림 동화책이다. 리더스북은 아이들의 읽기 능력 향상을 위해 단계별로 구성된 시리즈를 말한다. 아멜리아 베델리아 시리즈는 오래된 책인데 요즘 읽기에도 손색이 없다. 하나의 영어 단어에 다양한 의미가 있는 것을 이용해서 재미있게 구성했다. 이 시리즈를 읽으면 평소에 알던 단어의 또 다른 의미를 그림과 함께 배울 수 있다.

이 시리즈 중《Amelia Bedelia》에 나오는 표현을 보자. 로저[Roger] 씨 부부 댁에서 일하게 된 아멜리아는 로저 부인이 적어 준 대로 집안일을 열심히 해 놓는다. 문제는 모두 엉뚱하게 해 버렸다는 것이다. 예를 들면 다음과 같은 식이다. 이해를 돕기 위해 우리말 설명을 곁들였다.

Change the towels in the green bathroom.
초록색 욕실에 있는 수건을 교체해 주세요.
→ 욕실의 수건을 잘라서 다른 모양으로 바꿔 놓는다(change).

Dust the furniture. 가구의 먼지를 털어 주세요.
→ 파우더를 찾아서 가루를 뿌려 준다(dust).

And please dress the chicken. 닭고기를 손질해 주세요.
→ 닭고기에 옷을 입혀 놓는다(dress).

아멜리아 베델리아 시리즈에서는 이렇게 코믹한 상황들이 다양하게 펼쳐진다. 덕분에 영어 단어의 다양한 의미를 더 오래 기억하게 된다. 이 시리즈는 내가 아는 한 가장 많은 언어유희를 담고 있는 책이다. 그림을 보며 직접 읽어 봐야 이 책의 묘미를 더 잘 느낄 수 있다.

아멜리아 베델리아 시리즈보다 언어유희가 나오는 빈도는 훨씬 낮지만《Black Lagoon (by Mike Thaler)》시리즈도 재미있다. 학교 선생님들뿐 아니라, 수위 아저씨, 학교 버스 운전사 아저씨^{school bus driver}, 급식 아주머니^{cafeteria lady}, 치과 의사, 학급 애완동물^{class pet} 등이 등장한다. 처음에는 무시무시할 것이라 겁먹었던 등장인물들이 알고 보니 친절하고 좋은 사람이라는 것이 밝혀지는 코믹한 그림 동화책이다.

이 시리즈도 글과 그림을 같이 봐야 더 재미있다. 치과 의사가 주인공인 책에는 빨간 야구 모자(cap)와 왕관(crown)을 쓰고 있는 치아 그림이 나온다. cap과 crown은 충치를 치료하고 그 위에 씌워 놓는 것을 의미하기도 한다. 읽으면서 이런 언어유희가 나오는 부분을 찾아보는 재미가 있다. 언어유희가 있는 그림책은 재미있게 읽으면서 단어의 다양한 의미를 쉽게 이해하고 활용하는 데 도움이 된다. 연계되는 시리즈로《Black Lagoon Adventures》챕터북도 나와 있다.

쉬운 챕터북 중《My weird school (by Dan Gutman)》시리즈에서도 언어유희를 찾아볼 수 있다. 이 시리즈는 제목에서부터 언어유희가 등장한다. 라임^{rhyme}을 이용해서 영어 단어의 발음과 의미가 주는 재미를 선사한다. 21권 중에 몇 권의 제목만 예를 들어 보면 이렇다.《Miss Daisy is crazy!》,《Mr. Klutz is nuts!》,《Mrs. Roopy is loopy!》등 책 제목이 모두 이런 식으로 되어 있다. 제목과 표지만 봐도 이 시리즈가 가진 특성이 잘 드러난다. 제목에 나오는 단어들은 모두 제정신이 아니라는 뜻이다. 두 번째 시리즈인 《My weird school daze》의 제목도 이와 비슷하다.

책에 등장하는 괴짜 선생님들의 이상한 행동들로 인해 여러 사건이 벌어지는 것을 코믹하게 그려냈다. 성인이 보기에 유치할 수도 있지만 쉽고 코믹한 책을 찾는다면 읽을 만하다. 이런 장르에 거부감이 없다면 영어 원서 읽기 초기 단계 책으로 괜찮다. 곱셈을 이해 못 하고, 철자를 틀리는 선생님도 나온다. 아이들이 곱셈의 원리를 선생님께 알려 드리는 방법이 기발하다. 모르는 척하고 아이들에게 설명하게 하면 아이들이 더 잘 배우지 않을까 하는 상상도 해 봤다. 학교 생활과 관련된 표현이나 수업 시간에 쓸 만한 영어 표현을 많이 접할 수 있다.

《My weird school》 시리즈는 학교를 배경으로 하다 보니 수업 시간의 모습도 많이 등장한다. 선생님이 학생들에게 질문하면 언제나 손을 번쩍 들고 답하는 똘똘이, 안드레아^{Andrea} 덕분에 독자도 단어의 의미를 배우게 된다. 예를 들면, 픽션과 논픽션의 차이를 이렇게 설명해 준다.

You know, fiction is a made-up story, and nonfiction is based on facts. 픽션은 꾸며낸 이야기이고 논픽션은 사실을 바탕으로 한다.

이 시리즈는 단어에 대한 설명이 가끔 나온다. 책을 읽다 보면 단어의 의미를 배우게 된다. 아이들을 위해 저자가 일부러 설명을 넣어둔 것이 아닐까 하는 생각을 해 봤다. 가끔 등장하는 언어유희 장면을 찾아보는 재미도 있다. 이 시리즈 일곱 번째 책《Mrs. Cooney is loony》에서 동사 work on을 이용한 언어유희가 나오는 장면이다. 선생님이 학생들에게 아침밥의 중요성에 대해 설명하는 걸 듣고 학생이 한 말을 잘 읽어 보길 바란다.

선생님 You can't do good work at school if you haven't eaten a good breakfast. That goes for grown-ups, too. For example, it's hard for me to work on an empty stomach.

아침을 잘 먹지 않으면 학교에서 공부를 잘할 수 없어요. 어른도 마찬가지랍니다. 예를 들어, 나도 배고 프면 일하기 힘들어요.

학생 You shouldn't work on an empty stomach, Mrs. Cooney. You should work on your desk.

전치사 on을 이용한 언어유희가 재밌어서 골라 봤는데 학생이 한 말을 우리말로 이렇게 저렇게 옮겨 보다가 포기했다. 딱 맞는 우리말로 바꾸기도 어렵고 영어의 느낌이 그대로 전달되는 것 같지가 않아서이다. 우리말로는 전치사 on을 일부러 두 번 사용한 영어의 느낌을 내기가 어려웠다. 현실에서는 이렇게 예의 없이 말하는 학생은 없겠지만, 코믹한 시리즈답게 이런 언어유희 상황이 나오는 부분이 있다. 학생은 선생님이 'work on an empty stomach'라고 한 말을 듣고 책상에서 일하는 것을 'work at your desk' 대신 'work on your desk'라고 했다. 원래는 'work at your desk'라고 해야 한다. 이런 모든 뉘앙스를 우리말로 표현할 길이 없다. 그래서 언어유희가 있는 책을 읽으면서 배우려면 그림이 있는 책을 보는 것이 훨씬 이해하기 쉽다. 우리말로 표현하기 어려운 것도 그림을 보면서 이해할 수 있기 때문이다.

요즘은 리더스북 시리즈인 '아이 캔 리드' 2단계에, 더 쉽게 쓰인 그림 동화 시리즈로도 나와 있다. 만화로 나온 《My weird school graphic novel》 시리즈도 나와 있다. 이 책이 인기인지 후속작도 많다. 바로 다음 후속작 《My weird school daze》 시리즈에서는 아이들이 한 학년 올라가서 초등학교 3학년이다. 그 이후로도 후속작이 차례로 계속해서 나오고 있다. 《My weirder school》, 《My weirdest school》, 《My weirder-est school》 등이 있다. 저자의 웹사이트(https://dangutman.com/dans-books/my-weird-school)에 가 보니 앞으로도 이 시리즈가 더 나올 것 같은 분위기이다.

지금까지 기본 단어의 다양한 쓰임을 문맥 안에서 익히는 데 도움이 될 만한 책들을 소개했다. 쉬운 영어 단어로 된 문장의 책들이다. 아이들을 위한 책이지만 코믹한 내용을 좋아하거나 쉬운 문체의 책이면서 단어 공부에도 도움이 되는 책을 찾는 분들을 위해 골라 봤다. 하지만 아마존에서 제공하는 샘플을 우선 읽어 보길 바란다. 아무리 쉬운 책도 취향이 맞지 않으면 안 읽게 된다.

추천
그림 동화책

쉽고 재미있는 그림 동화책으로 입문하기

영어 원서는 읽고 싶은데 영어 왕초보라면 다른 방법이 없다. 쉬운 그림책 읽기부터 시작해야 한다. 외국인이 한국말을 처음 배울 때도 쉬운 그림 동화책부터 시작하는 것이 가장 현실적인 방법이다. 영어 원서 읽기 왕초보라면 그림 동화책부터 시작해 보길 추천한다. 기본 단어의 쓰임과 문장 구조를 익히기 좋다.

그림책은 아이들이 쓰는 단어가 나와서 별로라는 말도 있고 의성어나 의태어가 많아서 도움이 안 된다는 말도 있다. 하지만 그림

책의 종류에 따라 다르므로 성인이 읽을 만한 쉬운 그림책을 고르면 된다. 쉽고 기본적인 단어로 쓰인 그림책부터 문장이 길고 어려운 단어가 나오는 그림책까지 다양한 난이도의 책들이 있다. 주제와 문체, 심지어 그림 스타일까지 다양하다. 자신에게 맞는 책으로 골라 읽기에 좋다.

무엇보다, 성인이 읽어도 감동적인 내용이 많다. 아이를 키우지 않았다면 나도 영어 그림책의 매력을 모르고 지나쳤을 것이다. 영국 작가 토니 로스Tony Ross의《마이 리틀 프린세스My little princess》시리즈 중《엄마, 엄마, 엄마!I want my mum》는 여러 번 읽어도 좋았던 그림책이다. 그림이 예쁘고 감동적인 레오 리오니Leo Lionni의 책들도 좋았다. 파트리샤 폴라코Patricia Polacco 작가의 작품들도 성인이 읽기에 좋다. 단권으로 된 그림책 중에는《점The dot (by Peter H Reynolds)》그리고《눈 오는 날The snowy day (by Ezra Jack Keats)》이 기억에 남는다.

최근에 읽은 그림책《행복을 나르는 버스Last stop on Market Street (by Matt de la Peña)》는 2016년에 그림책 최초로 칼데콧 아너상과 뉴베리상을 동시에 수상한 작품이다. 성인들을 위해 쓰고 그린 것 같은 그림책《소년과 두더지와 여우와 말The boy, the mole, the fox and the horse (by Charlie Mackesy)》도 눈에 뜨인다. 글자를 신경 써서 읽어야 하는 것이 좀 아쉽지만, 그것도 작가가 의도한 작품의 일부라고 생각하면 읽을 만했다.

한 권씩 찾아 읽기 힘들면 마음에 드는 시리즈를 반복해서 읽는 방법도 있다. 어른이 읽어도 좋은 쉬운 그림책 작가 중에 신시아 라일런트Cynthia Rylant가 있다. 이 작가의 그림책 중에는《헨리 앤 머지Henry and Mudge》시리즈가 유명하다. 강아지 머지Mudge와 함께 살아가는 따뜻한 가족 이야기다.《미스터 퍼터 앤 태비Mr. Putter & Tabby》시리즈도 있다. 고양이 태비Tabby와 함께 사는 할아버지가 나온다. 강아지를 키우는 이웃집 할머니와 서로 도우며 사는 따뜻한 감성의 그림 동화책이다.

쉬우면서 독특한 그림 동화책으로는 로버트 먼치Robert Munsch의 작품을 추천한다. 그림 동화책《언제까지나 너를 사랑해Love you forever》와《종이 봉지 공주The paper bag princess》로 유명한 작가이다. 이 두 작품도 성인이 읽기 좋다. 영어를 익히는 데 도움이 될 만한 그림책 시리즈도 있다. 이 시리즈는 같은 표현이 반복되는 문장이 나온다. 영어 문장 구조를 익히는 데 도움이 된다. 아이에게 읽어 주다가 내가 반한 책이다. 처음에는 뭐 이런 황당한 책이 있나 했는데 읽을수록 중독성이 있었다. 너무나 유명한 닥터 수스Dr. Seuss의 그림책 시리즈도 기본 단어를 이용한 쉬운 패턴이 반복되기 때문에 원서 읽기 초보자에게 도움이 된다. 대표작 중 하나인《그린 에그즈 앤 햄Green eggs and ham》은 언제 봐도 감동적이다. 적은 수의 단어로도 리듬감 있는 반복을 이용해 멋진 이야기를 만들어 냈다. 두 시리즈 모두 주제가 독특하고 그림과 영어를 함께 보면서 표현을 익히기에 좋다.

그렇다고 모든 그림 동화책이 다 쉬운 것은 아니다. 초보자가 읽기에 어려운 책들도 있다. 우리나라에도 잘 알려진 그림 동화 작가 윌리엄 스타이그William Steig의 책은 앞에서 언급한 그림책에 비해 문체가 어려운 편이다. 이 작가의 책 중에 《슈렉Shrek》은 우리에게도 친숙한 애니메이션 《슈렉》의 원작이다. 고어 영어archaic English가 나오는 부분은 어렵다고 느낄 수도 있는데, 소리 내서 읽어 보면 오히려 재미있다.

동물이 주인공인 그림 동화 중에 가족 이야기를 다룬 책은 성인이 읽기에도 괜찮다. 《베렌스타인 베어즈The Berenstain Bears (by Stan Berenstain and Jan Berenstain)》 시리즈는 엄마, 아빠, 아들, 딸로 이루어진 곰돌이 가족 이야기다. 성인이 읽으면서 공감할 만한 포인트와 감동이 있다. 동물을 의인화한 마크 브라운Marc Brown의 아서Arthur 그림 동화 시리즈도 괜찮다. 가족의 일상이나 아이들의 성장과 우정, 학교 이야기 등을 재밌게 잘 풀어 놨다. 이 두 그림책 시리즈는 우리 딸이 어릴 때 함께 자주 봤던 책이기도 하다. 나는 《베렌스타인 베어즈》 시리즈를 좋아했고 딸은 《아서》 그림 동화 시리즈를 더 좋아했다. 이 두 시리즈가 마음에 든다면 같은 캐릭터가 나오는 시리즈의 챕터북도 좋다.

성인이 읽어도 좋은 그림책들이 생각보다 많다. 토미 드파올라Tomie dePaola의 스트레가 노나Strega Nona 시리즈도 추천한다. 그림이 예쁘고 내용도 괜찮아서 개인적으로 좋아하는 그림책 시리즈 중 하나이다.

그런데 그림책을 모두 사려면 부담이 될 수밖에 없다. 집 근처 도서관을 활용하거나 스토리라인 온라인(www.storylineonline.net)에 가서 들어 보는 방법이 있다. 유명인들이 유명한 그림 동화책을 읽어 주는 무료 웹사이트이다. 그림책을 즐겨 읽다 보면 좋아하는 작가와 작품이 생긴다. 그런 책들은 소장해 두었다가 생각날 때마다 꺼내 읽으면 기분도 좋아진다.

만약, 작가와 난이도별로 일일이 골라 읽기 번거롭다면 아이들을 위해 나온 단계별 리더스북 시리즈도 좋다. 어휘의 종류와 문장의 길이를 영어 수준별로 구성했다. 자신에게 맞는 단계로 골라 읽으면 된다. 회사별로 여러 종류가 있다. 그중에《아이 캔 리드(An) I can read》시리즈와《옥스퍼드 리딩 트리Oxford Reading Tree》시리즈의 구성이 좋았다.《아이 캔 리드》시리즈는 그림책을 난이도별로 구분하고 다양한 시리즈 별로 묶어서 구성했다.《My weird school》챕터북 시리즈도 그림책으로 들어 있다. 원작의 그림책보다 더 쉬운 문장으로 구성된《베렌스타인 베어즈》시리즈도 있다.《옥스퍼드 리딩 트리》시리즈는 같은 캐릭터가 계속 나온다. 단계가 올라갈수록 아이들도 점점 커간다. 4단계까지는 일상생활 관련 에피소드 중심이고 5단계부터는 매직키^{magic key}로 모험을 떠나는 이야기가 나오는 구성이다. 4단계까지만 반복해서 읽어도 기본적인 문장 구조에는 익숙해질 것이다. 기초를 튼튼히 쌓아야 하는 분들께 단계별 리더스북 시리즈를 추천한다.

아이들 책이 내키지 않는다면 다른 시리즈를 찾아볼 수 있다. 《펭귄 그레이디드 리더스^{Penguine Graded Readers}》나 《옥스퍼드 북웜 라이브러리^{Oxford Bookworms Library}》 같은 그레이디드 리더스^{graded readers} 시리즈이다. 단계별로 문장 구조와 어휘 수준을 맞춰 제작한 학습자용 영어 원서이다. 장르도 다양하게 구비되어 있다. 읽다 보면 어느 단계를 얼마나 읽고 다음 단계로 넘어가야 할지 알 수 있을 것이다. 너무 막연하면 단계별로 어떤 책을 몇 권 읽고 다음 단계로 넘어간다는 구체적인 목표를 세우고 시작해도 된다.

그림 동화는 아이들에게도 좋지만, 오히려 청소년이나 성인이 읽고 감동이나 교훈을 얻는 포인트가 더 많을 수도 있다. 읽는 사람의 상황과 경험치에 따라, 같은 그림책도 다르게 다가오기 때문이다. 우리말 뜻으로만 알았던 영어 단어의 의미가 그림과 함께 더 생생하게 살아나는 즐거움도 맛볼 수 있다. 생각지도 못했던 힐링과 감동이 따라오는 것은 덤이다.

1 Smelly socks	**6** Mmm, Cookies!
2 Aaron's hair	**7** The sand castle contest
3 More pies!	**8** I'm so embarrassed!
4 Kiss me, I'm perfect!	**9** Andrew's loose tooth
5 We share everything!	

윌리엄 스타이그 추천 도서

1 Doctor de Soto
2 Doctor de Soto goes to Africa
3 Amos and Boris
4 Sylvester and the magic pebble

5 The amazing bone
6 Brave Irene
7 Shrek

영어 원서 입문용
추천 도서

성인이 읽을 만한 입문용 도서

《매직 트리 하우스ᴹᵃᵍⁱᶜ ᵀʳᵉᵉ ᴴᵒᵘˢᵉ (by Mary Pope Osborne)》 시리즈
는 원서 읽기 입문용으로 인기가 많은 책이다. 문장이 짧은 편이고
기본적인 단어로 쓰여 있다. 성인들은 원서 읽기를 시작하면서 보
게 되고 아이들은 그림책에서 챕터북으로 넘어갈 때 많이 본다. 그
런데 우리 딸은 읽지 않았다. 초등학교 1학년 때 사 두었는데 몇 년
이 지나도 관심을 보이지 않았다. 아무리 쉽고 유명한 책이라도 모
든 연령대의 독자들에게 사랑을 받을 수는 없다. 특히 성인들의 경

우에 어린아이들이 주인공으로 나오는 책에 흥미를 못 느끼는 경우가 많다. 영어는 쉽지만, 인지적인 면에서 부조화가 일어나기 때문이다. 아이들 책을 좋아하는 나도 모험 이야기나 판타지 장르는 좋아하지 않는다. 《매직 트리 하우스》는 모험과 판타지 장르이다. 게다가 영어 왕초보라면 《매직 트리 하우스》도 결코 쉬운 책이 아니다. 짧은 문장도 많지만, 생각보다 길이가 긴 문장도 나온다. 모르는 단어는 없는데 해석이 안 되는 문장도 있을 것이다. 영어의 표현 방식과 기본 단어의 다양한 쓰임에 익숙하지 않기 때문이다. 이 시리즈가 어렵다면 더 쉬운 그림책부터 충분히 읽어야 한다.

물론 자신의 영어 수준보다 높더라도 꼭 읽고 싶은 책이 있다면 그 책으로 시작해도 된다. 시간이 걸리더라도 사전을 찾아 가면서 묵묵히 읽으면 된다. 한 달이 걸려도 어려운 책을 한 권 완독하는 사람들이 있다. 그러나 대부분은 열심히 공부하듯이 읽다가 지쳐서 포기한다. 혹은 시작도 하기 전에 포기하고 만다. 영어책 읽기는 원래 어려운 것이고 아무나 할 수 있는 것이 아니라고 생각한다. 끝까지 읽는 데 성공했다면 엄청난 성취감을 느낄 수도 있겠지만, 다음 책을 읽기 위해서는 더 큰 의지가 필요하다. 얼마나 힘든지 이미 경험해 봤기 때문이다. 힘들어도 어려운 책을 여러 권 읽고 나면 어느 순간 영어책 읽기가 편안해졌다는 것을 느낄 때가 올 것이다.

반면, 자신의 수준에 맞는, 쉽고 만만한 영어책부터 읽는 방법은 힘이 덜 든다. 부담 없이 다양한 책을 읽어 볼 수도 있다. 일주일도 안 돼서 책 한 권 정도는 가볍게 읽는다. 사전도 어쩌다 한 번씩만 찾으면 된다. 어려운 단어보다는 기본 단어들의 쓰임을 충분히 익힐 수 있다. 읽을 수 있는 영어책의 단계가 차츰 올라가면서 자신감이 생기고 성취감도 얻을 수 있다. 하지만 초기에는 선택 범위가 좁아 읽고 싶은 책보다 읽을 수 있는 책을 골라야 한다는 단점이 있을 수 있다.

이 두 가지 방법 중에 본인에게 맞는 것을 선택하면 된다. 물론 나는 후자를 더 권하는 편이다. 이 방법이 더 성공할 가능성이 있다고 생각하기 때문이다. 게다가 쉬운 영어책이 영어 왕초보에게만 필요한 것은 아니다. 왕초보가 아닌 분들도 본격적으로 영어 원서 읽기를 시작하기 전에 쉬운 책부터 읽어 보면 좋다. 고등학교 때 단어를 열심히 외우면서 영어 공부를 했던 사람도 쉬운 영어책 읽기가 생각보다 만만하지 않을 수 있다. 기본 단어들의 다양한 의미와 쓰임을 경험해 보지 못했기 때문이다. 우리말 뜻으로만 알고 있던 단어의 의미를 상황과 문맥에 맞게 다시 경험하는 과정을 충분히 거쳐야 영어책 읽기가 점점 편안해진다.

📖 렉사일 지수

쉬운 책으로 영어 원서 읽기를 시작하려면 난이도에 대한 가이드가 필요하다. 가장 많이 알려진 것이 렉사일 ^{Lexile} 지수이다. 렉사일 지수는 문장의 길이와 어휘 수준을 바탕으로 계산한 값이다. 가장 낮은 단계인 BR $^{Beginning\ Reader}$ 부터 시작해서 렉사일 지수가 올라간다. 숫자가 커질수록 어려운 책이라는 뜻이다. 일반 성인들의 경우 보통 렉사일 지수가 500L 이하면 문장의 길이가 짧다고 느낄 것이다. 영어를 좀 하는 사람들은 600L 전후 정도면 쉬운 편이라고 생각한다. 영어 왕초보인 사람은 200L 전후의 책부터 읽으면 된다.

하지만 렉사일 지수를 포함한 난이도 지수는 절대적인 수치가 아니기 때문에 이 정도 선에서 참고만 해야 한다. 체감 난이도는 사람에 따라 다르다. 문장의 길이가 짧아도 이해하기 어려운 문체가 있다. 어려운 단어가 좀 나와도 이해하기 쉬운 책이 있다. 작가의 문체와 책을 읽는 사람의 취향에 따라 달라지기도 한다.

특히 성인 영어 학습자들은 실제 체감 난이도가 다른 것을 더 자주 경험할 수밖에 없다. 렉사일 지수는 영어가 모국어인 아이들을 위해 만들었기 때문이다. 문장이 길고 어휘 수준이 높을수록 숫자가 올라간다. 문장의 길이는 영향을 덜 받는 편이다. 짧은 문장이 읽기 더 수월한 것은 분명하지만 영어 왕초보가 아니라면 문장이 길어서 어려운 경우는 별로 없을 것이다. 어휘 수준은 단어의 빈도와 관련이 있다. 자주 쓰이는 단어는 쉬운 단어로 간주한다. 하지만 우리에게는 빈도가 높은 단어들이 배우기 어려운 경우가 훨씬 더 많다. 관사와 전치사는 고빈도 단어지만 같은 고빈도 단어군에 속하는 대명사(me, it, you…)나 조동사보다 배우기 훨씬 어렵다. 자주 쓰이는 기본 단어들도 마찬가지다. 예를 들어 자주 쓰이는 동사 stick의 다양한 쓰임을 알려면 빈도가 낮은 단어보다 더 자주 만나야 한다. 쓰임이 그만큼 다양하기 때문이다. 단독으로도 자주 쓰이지만 다른 단어들과 어울려서도 자주 쓰인다. stick to, stick with, stick out, stick around, stick up, 그리고 stuck-up 등 여러 가지 표현이 있는 데다 각각의 표현이 또 다양한 의미로 쓰인다. 이런 표현을 문맥 안에서 자주 만나면서 익히려면 쉬운 책부터 읽어야 한다. 사용 빈도가 낮은 단어는 한두 개의 의미만 익혀두면 되기 때문에 오히려 배우고 활용하기가 더 쉽게 느껴진다.

성인들 책에는 렉사일 지수가 제공되지 않는다는 것도 문제이다. 보통은 아마존에서 책 검색을 통해 알 수 있다. 렉사일 웹사이트에서 직접 검색해 봐도 된다. 구글 검색창에 책 제목과 함께 Lxile level 또는 Lexile measure라고 검색해서 찾는 방법도 있다. 아이들이 많이 읽는 책은 우리나라 온라인 서점에서도 찾아볼 수 있다. 더 많은 책을 보려면 키즈북 시리즈 웹사이트(www.

kidsbookseries.com)에서 시리즈로 나온 아이들 책을 편리하게 찾아볼 수 있다. 시리즈 안에 포함된 모든 도서의 렉사일 지수를 한꺼번에 볼 수 있도록 해 놓았다. 같은 시리즈 안에 포함된 책이라도 렉사일 지수가 각각 다르고 심지어 차이가 큰 경우도 있다는 것을 쉽게 찾아볼 수 있다. 시리즈 도서를 주제별, 학년별, 연령대별로도 분류해 놓아서 보기 편하다.

아이들에게 영어책을 읽게 해 봐도 렉사일 지수가 절대적인 것이 아니라는 것을 알게 된다. 렉사일 지수는 낮아도 잘 안 보거나 더 어렵게 느끼는 책이 있다. 렉사일 지수가 높아도 푹 빠져서 보는 책이 있다. 성인들은 더욱 직접 읽어 보고 고르는 것이 좋다.

《매직 트리 하우스》 시리즈가 잘 맞는 사람은 읽으면 된다. 취향에 안 맞거나 어렵다고 느낄 분들을 위해 목록을 만들어 봤다. 렉사일 지수는 참고만 하고 첫 페이지부터 직접 읽어 보고 선택하기를 추천한다. 《매직 트리 하우스》 시리즈와 《네이트 더 그레이트 Nate the Great (by Marjorie Weinman Sharmat)》 시리즈는 안 좋아했던 우리 딸도 《웨이싸이드 스쿨 Wayside School (by Louis Sachar)》 시리즈는 좋아했고, 나 또한 재미있게 본 기억이 난다. 샘플 텍스트를 읽어 보고 끝까지 읽을 수 있겠다는 확신이 오는 책을 고르면 된다. 얇은 책이라도 원서 한 권을 끝까지 읽어 본 사람은 안다. 완독의 성취감이 다음 책을 읽게 하는 가장 큰 원동력이 된다는 것을.

1. The bears on Hemlock Mountain
2. The courage of Sarah Noble
3. The one in the middle is the green kangaroo
4. Freckle juice
5. Third Grade Angels
6. 26 Fairmount Avenue
7. Sarah, plain and tall
8. The magic finger
9. The tiger rising

1. Missing May
2. The Stone Fox
3. Hachiko waits
4. The war with Grandpa
5. Dear Mr. Henshaw
6. The Giraffe and the Pelly and me
7. Number the stars
8. Holes
9. Dogs don't tell jokes

A ... 가

추천 단편
영어 원서

얇은 책만의 장점

처음 읽을 영어 원서를 고를 때 책의 길이도 중요하다. 너무 두 꺼우면 읽을 엄두가 안 난다. 적당한 부피의 책은 부담 없이 시작하기 좋다. 영어 원서를 처음 읽는 사람만 두꺼운 책이 부담되는 것은 아니다. 다독가로 알려진 빌 게이츠^{Bill Gates}도 너무 긴 책은 안 읽는다고 한다. 영화를 보고 좋아서 원작을 읽어 보려다 포기했던 적이 있다고 한다. 책이 너무 두껍고 내용이 복잡했기 때문이다. 빌 게이츠가 포기한 책은 《Infinite jest (by David Foster Wallace)》인데,

찾아보니 1,088쪽이었다. 그 책이 200쪽에서 300쪽만 되었더라도 바로 읽었을 것이라고 한다.

　심리적으로 부담 없는 길이가 200쪽에서 300쪽 정도인 것 같다. 나도 400쪽에서 500쪽이 넘는 책은 한 번 더 생각한다. 아주 특별한 경우 아니면 피한다. 북튜버들이 극찬하는 것을 듣고 종이책으로 구매해 둔 《책 도둑^{The book thief} (by Markus Zusak)》은 600쪽이 넘는 책이라 몇 년째 시작할 엄두를 못 내고 있다. 지하철에서 주로 읽는 내가 들고 다니기에는 부담스러운 두께였다. 책의 두께에 먼저 압도되면 문체나 내용에 대해 알아 가기도 전에 시작이 어려운 책이 되고 만다. 이왕이면 집어 들기에 부담 없는 책이 좋다. 시간을 내서 틈틈이 읽어야 하기 때문이다. 힘들게 읽어야 한다면 꾸준히 읽기 힘들 것이다.

　얇은 영어책은 영어 원서 읽는 취미를 가진 사람들에게도 필요하다. 쉼터 같은 역할을 한다. 나는 생각할 거리가 많은 원서를 읽고 나면 가벼운 책을 찾아 읽는 습관이 있다. 나에게는 강약을 조절해 가면서 읽는 것이 효과적이었다. 유명한 청소년 필독서, 《아웃사이더^{The outsiders} (by S.E. Hinton)》를 최근에서야 읽었다. 《호밀밭의 파수꾼》과 함께 자주 언급되는 책이라 오래전부터 꼭 읽어 보고 싶었다. 인상 깊은 곳이나 토론의 주제가 될 만한 곳에는 간단히 메모를 남겼다. 다 읽고 보니 《호밀밭의 파수꾼》보다 더 많은 포스트잇이 붙어 있었다. 여성 작가가 열여섯 살에 썼다는 것이 믿어지지 않았다. 갱단에 관한 이야기를 소재로 청소년들의 고뇌와 사회 계층 간의 갈등을 잘 그려냈다. 이 책을 읽고 나서 128쪽밖에 안 되는 단편 모음집《Heating & cooling: 52 Micro-Memoirs (by Beth Ann Fennelly)》을 찾아 읽었다. 얇은 책에 짧은 글이 52개나 실려 있다. 무거울 법한 이야기도 유쾌하게 잘 풀어내서 재미있게 보았다.

감동적인 책을 읽고 나면 아예 쉬어 가기도 한다. 그 감동과 여운을 좀 더 오래 간직하고 싶어서다. 바로 이어서 다른 책을 읽으면 그 감동이 금방 사라질 것만 같다. 가벼운 마음으로 읽기 시작했던《죽은 시인의 사회 Dead poets society (by Nancy H. Kleinbaum)》는 생각지도 못한 큰 감동을 받았던 책이다. 책 제목은 아이들이 모여서 시를 읽었던 모임 society을 의미한다는 것도 자연스럽게 알게 되었다. 이 책을 읽고 나서 일부러 영화를 찾아보지 않았다. 여운을 좀 더 오래 간직하고 싶어서다. 나는 원래 책을 읽고 나면 영화를 찾아보는 습관이 있다. 그 재미가 참 쏠쏠하다. 그런데 영화를 보고 싶은 생각이 들지 않았던 건 처음이었다.

일정 기간 읽기로 한 목표 권수를 못 채웠을 때도 부랴부랴 얇은 책을 집어 든다. 목표 권수를 채우면 기분이 좋아진다. 하지만 얇기만 하고 내용이 없는 책을 읽으면 오히려 역효과가 난다. 나의 뇌는 목표를 채우기 위해 읽었다는 것만 기억해 성취감이 없다. 얇은 책이라도 재미있거나 감동적인 책이어야 한다. 그래야 얇은 책을 읽고 나서도 성취감을 느낄 수 있다.

얇은 책이라고 해서 성취감과 감동의 크기가 덜한 건 아니다. 책의 부피보다는 책이 가진 깊이가 더 중요한 것 같다는 생각이 들 때가 많다. 얇은 책이 오히려 더 큰 여운과 감동을 주기도 한다. 최근에 읽은 단편 중에는 치마만다 응고지 아디치에^{Chimamanda Ngozi Adichie}의 작품들이 기억에 남는다. 《지코라^{Zikora}》와 《The Visit》는 각각 34쪽과 28쪽이다. 논픽션인 《우리는 모두 페미니스트가 되어야 합니다^{We should all be feminists}》는 40쪽이고, 아버지를 갑자기 잃고 나서 쓴 《상실에 대하여^{Notes on grief}》는 96쪽이다. 하지만 감동과 여운은 300쪽 넘는 책들 못지않다. 개인적으로, 《상실에 대하여》는 마지막 문장 때문에 평생 잊을 수 없는 책 중의 하나가 되었다. 이 작가의 다른 책들도 읽어 보고 싶다. 작가가 궁금해서 유튜브를 찾아보니 오래전에 'The danger of a single story'라는 제목의 테드 강연에서 봤던 사람이었다. 이 강연도 아주 좋았다.

잘 알려진 작가의 작품 중에는 강렬한 인상을 남기는 초단편도 있다. 앨리스 호프만^{Alice Hoffman}의 단편, 《Everything my mother taught me》는 28쪽밖에 안 된다. 심지어 《파친코^{Pachinko}》로 유명한 이민진^{Min Jin Lee} 작가의 《The best girls》는 겨우 20쪽이다. 초단편

에서 느낄 수 있는 강렬한 맛을 경험하고 나면 더 찾아 읽게 된다. 중독되면 헤어나오는 데 시간이 좀 걸리니 유의해야 한다. 유명 작가들의 단편도 생각보다 많이 나와 있다. 단편 모음집도 소개해 본다.

단편 소설

1 My evil mother
2 Mr. Salary
3 Kindred spirits
4 Evidence of the affair
5 And every morning the way home gets longer and longer
6 Life on the refrigerator door: Notes between a mother and daughter
(메모 형식의 소설이라 한 페이지에 나오는 내용이 적어서 단편으로 분류함)

1 Eat that frog!

2 The monk who sold his Ferrari

3 Gratitude

4 Night

5 Unlimited memory

6 Steal like an artist

7 Show your work

8 Keep going

단편 모음집

1 Interpreter of Maladies: Stories   5 Olive Kitteridge

2 Sh*t my dad says   6 Olive, again

3 I suck at girls   7 The thing around your neck

4 Life and other shortcomings

일반 소설 못지않은 시 소설의 깊이

　영어 소설 중에 시 형식으로 쓴 장르가 있다. 우리말로 이 장르에 대한 명칭이 있는지 모르겠다. 편의상 이 책에서는 시 소설이라고 부르겠다. 시 소설은 대부분 아이들이나 청소년이 주인공이다. 문체가 쉬운 편이고 1인칭 시점으로 되어 있어서 영어 원서 읽기를 부담 없이 시작하기에 좋다. 나는 시 소설에 관심이 많다.《사이공에서 앨라배마까지 Inside out and back again (by Thanhha Lai)》가 처음으로 읽은 시 소설이었다. 이 책도 좋았다. 베트남 전쟁을 피해 미국으로 건너가 낯선 환경에 적응하며 살아가는 베트남 여자아이와 그 가족의 이야기이다. 전에는 이런 장르에 관심이 없었기 때문에 그때만 해도 시로 된 소설을 더 찾아볼 생각은 못 했다.

시 소설에 본격적으로 관심이 가기 시작한 건《시인 X^The poet X (by Elizabeth Acevedo)》를 읽고 나서다. 사 두고 나서 표지만 보던 책이었다. 인종차별에 관한 책이라고 생각했다. 표지에 그려진 여자아이가 흑인인 줄 알았기 때문이다. 읽어 보니 라틴 아메리카 출신 이민자 부모를 둔 십 대 여자아이가 주인공이었다. 무심코 읽게 된 이 책 덕분에 시 소설을 다시 보게 되었다. 읽는 동안 책을 내려놓기 힘들었다. 첫사랑, 엄마와 딸 사이의 갈등, 이민 가정 부모의 모습, 성 정체성, 그리고 자신의 꿈을 찾아가는 이야기가 나온다. 나는 엄마와 딸 사이의 갈등과 그 갈등을 해결하는 과정에 더 관심이 갔다. 사춘기 딸을 키우는 엄마들에게 권하고 싶은 책이다. 전미도서상이라도 불리는 아동 문학상인 내셔널 북 어워드상^National Book Award과 청소년 문학상인 프린츠상을 수상했다. 라틴 아메리카 문화를 잘 반영한 아이들 책에 주는 상^Pura Belpré Award도 받은 작품이다.

《시인 X》가 괜찮아서 같은 저자의 다른 책 두 권도 찾아 읽었다.《Clap when you land》도 시 소설이다. 비행기 사고로 아빠를 잃고 나서 배다른 자매를 만나게 되는 십 대 여자아이 이야기이다. 음식 만들기를 좋아하고 천부적인 소질이 있는 고등학생 미혼

모가 주인공인《With the fire on high》는 시 소설이 아니었다. 지극히 개인적인 취향을 바탕으로 몰입도만 고려해서 순위를 매기자면《시인 X》,《With the fire on high》, 그리고《Clap when you land》순으로 좋았다.

시 소설을 여러 권 읽어 보기 전에는 글자 수가 적으니 책을 쓰기 수월한 장르라고 생각했다.《시인 X》이후로 시 소설을 여러 권 읽고 나서는 그런 생각이 들지 않는다. 시 소설도 일반 소설과 다르지 않다. 삶의 고난을 이겨내고 다시 살아갈 힘을 얻는 어린 소녀의 모습을 감동적으로 그려낸《모래 폭풍이 지날 때Out of the dust (by Karen Hesse)》를 읽을 때 특히 그런 생각이 들었다. 이 소설은 아빠를 용서하고 받아들이는 십 대 소녀의 성장 이야기이기도 하다. 모래 폭풍이 삶을 위협해도 다시 일어나는 아버지의 모습도 감동적이었다. 이런 감동적인 시 소설을 읽다 보면 작가가 단어를 고르고 문장을 고쳐 쓰며 보냈을 수많은 고뇌의 시간을 떠올리게 된다.

독자는 가벼운 마음으로 책을 집어 들기만 하면 된다. 부담 없는 마음으로 책 읽기를 시작하기 좋다. 읽는 동안 페이지가 쉽게 넘어가는 재미도 있다. 페이지는 가볍게 넘어가도 감동은 묵직하게 남는다. 시 소설은 아이들이나 청소년 대상으로 쓰인 작품이 많은데 성인이 읽기에도 좋고, 시를 안 좋아하는 사람도 재미있게 읽을 수 있다. 시 소설 장르도 꼭 읽어 보길 추천한다.

1 Locomotion
2 Long way down
3 The Crossover
4 Other words for home

5 Brown girl dreaming
6 Milk and honey
7 Sun and her flower

추천
그래픽 노블

대중성과 작품성, 두 마리 토끼를 잡은 그래픽 노블

중학교 때 만화책을 무척 좋아하던 친구가 있었다. 나는 만화를 별로 좋아하지 않았다. 만화는 글과 그림을 둘 다 봐야 해서 번거로웠기 때문이다. 차라리 글자만 읽는 게 더 나았다. 나는 그렇게 만화와 전혀 상관없이 살 줄 알았다. 그런데 영어 원서 중에 그래픽 노블이라는 장르가 내 생각을 완전히 바꿔 놨다. 요즘은 일부러 찾아 읽기도 한다. 그래픽 노블은 만화로 된 소설이라는 뜻이다. 일반 만화와 달리, 소설과 같은 스토리 전개와 완결성을 가지고 있다.

흥미로운 것은 만화로 된 회고록이나 논픽션도 그래픽 노블이라고 부른다는 점이다. 노블은 소설이라는 뜻인데 알고 보면 훨씬 더 폭넓은 장르를 아우르는 말이다. 인기에 힘입어 점점 더 다양한 그래픽 노블이 쏟아져 나오고 있다.

아이들도 좋아하고 성인들도 많이 읽는 영어 원서《윔피 키드Diary of a wimpy kid (by Jeff Kinney)》시리즈도 그림이 차지하는 비중이 커서 그래픽 노블로 분류되기도 한다. 초기 작품들을 몇 권 읽어봤는데 성인이 읽기에도 괜찮았다. 일기 형식이라 구어체의 영어로 되어 있다. 이 시리즈는 벌써 17번째 책이 나왔다. 주인공의 언행이 교육적으로 바람직하지 않다는 비판을 받기도 하지만 워낙 인기가 많아서 앞으로도 더 나올 것 같다.

잘 알려진 고전이나 베스트셀러도 그래픽 노블로 많이 나와 있다. 사실 전달이 주요 내용인 논픽션의 원작도 그래픽 노블로 다시 제작되어 나오고 있다. 인기 많은 그래픽 노블은 드라마로 만들어지기도 했다. 일반 책에서 볼 수 있는 거의 모든 장르와 주제가 그래픽 노블에도 있다고 생각하면 된다. 공포물도 있다. 내용은 전혀 모르는 상태에서《Through the woods (by Carroll Emily)》를 읽었다. 하필 가족들이 모두 잠든 밤에 혼자 읽는 바람에 더 무서웠다. 아이들 책 중에는《Mighty Jack (by Ben Hatke)》처럼 잘 알려진 동화《잭과 콩나무》를 현대적으로 재해석해서 쓴 작품도 있다.

이외에도 그래픽 노블은 장르가 다양하다. 유명한 책은 대부분이 그래픽 노블로도 나와 있다고 생각하면 된다.

영어 원서는 읽고 싶은데 엄두가 안 난다면 우선 그래픽 노블로 읽고 나서 도전해 보는 방법도 있을 것 같다. 예를 들어,《The Handmaid's tale (by Margaret Atwood)》혹은《앵무새 죽이기To kill a mocking bird (by Harper Lee)》같은 경우 드라마나 영화도 있지만, 그래픽 노블로도 나와 있다. 논픽션 중에도《사피엔스Sapiens (by Yuval Noah Harari)》를 그래픽 노블로 먼저 읽어 볼 수 있다.

그래픽 노블은 대중성뿐 아니라 작품성까지 인정받고 있다. 1992년 퓰리처상을 받은 아트 슈피겔만Art Spiegelman의《쥐Maus》와 2018년 맨부커상 후보에 오른 닉 드르나소Nick Drnaso의《사브리나Sabrina》가 유명하다. 만화가 퓰리처상을 받고, 세계 3대 문학상 중 하나인 맨부커상 후보에 올랐다는 것은 정말 놀라운 일이다. 2020년에는《뉴키드New kid (by Jerry Craft)》가 그래픽 노블 최초로 뉴베리상을 받았다. 뉴베리 아너상을 받은 작품도 둘이나 된다.《엘 데포El deafo (by Cece Bell)》와《롤러 걸Roller Girl (by Victoria Jamieson)》이다. 이런 수상작들만 봐도 그 위상이 실감이 난다.

영어 학습자 입장에서도 그래픽 노블은 매력적이다. 내가 질색했던 글과 그림을 둘 다 봐야 하는 상황이 오히려 영어를 익히는 데는 큰 도움이 된다. 그림책과는 또 다르다. 몸의 움직임과 감정 표현, 의성어와 의태어, 사물을 지칭하는 단어 등 훨씬 더 다양한 상황을 그림으로 접해 볼 수 있다. 글자와 그림의 상황을 매치하면 어떤 경우에 쓰는 말인지 자연스럽게 알 수 있다.

손가락으로 스마트폰 화면을 넘기는 동작에 swipe라고 쓰여 있으면 무슨 뜻인지 바로 이해된다. 여러 사람이 떠들고 있는 장면에서 quabble, quabble, quabble이라고 소리를 표현해 놓으면 시끄럽게 떠드는 소리를 의미한다는 것을 알아차린다. chomp의 뜻을 외우기 위해 '소리 내서 먹는다'는 의미를 반복해서 외운 경험이 있다면 그래픽 노블에서는 한 번에 해결된다. 한 입 베어 먹는 소리를 'CHOMP'라고 표현해 놓은 것을 보면, 그대로 의미가 전달되어 기억에 남는다. 열심히 연습하느라 너덜너덜해진 원고 그림에 tattered script라고 쓰여 있다면 그림 그대로 '너덜너덜해진 원고'라는 뜻이다. 그래픽 노블을 읽는 동안은 그림을 최대한 활용하면 된다.

그래픽 노블이 만화라고 해서 모두 대화 위주로만 되어 있는 것은 아니다. 상황 설명이 텍스트로 많이 들어가기도 한다. 대화 위주로 되어 있는 그래픽 노블은 영어 원서 읽기 초보자가 읽기 좋다. 대화로 되어 있으면 영어가 더 쉽다. 말하기에 쓰이는 영어는 글에 쓰인 영어보다 쉬운 단어들로 되어 있다. 기본 단어의 다양한 쓰임을 대화라는 상황 안에서 익히기도 좋다. 기본 단어는 자주 쓰이는 만큼 다양한 의미가 있다. 사전을 읽거나 설명을 듣는 것보다 그림과 함께 표현을 익히는 것이 더 도움이 된다. 언제든 책을 펼쳐서 원하는 부분을 반복해서 읽어 볼 수도 있다.

📓 그래픽 노블을 고를 때 주의할 점

그래픽 노블을 고를 때 주의할 점이 있다. 이왕이면 소문자로 된 책이 읽기 편하다. 대문자로 된 책은 글자가 눈에 잘 안 들어온다. 대문자로 쓰인 텍스트가 많이 나오는 책도 있다. 긴 텍스트가 대문자로 되어 있으면 읽기가 더 힘들다. 눈이 금방 피로해진다. 《Good talk: A memoir in conversations (by Mira Jacob)》를 읽을 때 포기하고 넘어간 부분도 있었다. 말풍선 안에 글이 대문자로 된 것은 그래도 읽을 만했다. 긴 설명 부분이 대문자로 가득 쓰인 페이지는 읽기가 힘들었다. 실사와 만화를 둘 다 활용한 표현 방식은 좋았지만, 가독성이 떨어지는 점은 아쉬웠다. 반면에, 말풍선 안은 대문자로 쓰고 나머지 설명 부분의 텍스트는 소문자로 쓴, 《Almost American girl (by Robin Ha)》은 읽기가 편했다. 대문자로 된 부분도 그다지 길지 않아서 읽기 괜찮았다. 작가가 세심하게 신경 쓴 것 같은 느낌을 받았다.

말풍선 안에 들어 있는 텍스트도 이왕이면 소문자가 보기 편하다. 고전이나 베스트셀러 원작을 바탕으로 한 그래픽 노블 중에도 대문자로 쓴 텍스트가 많이 나오는 것을 볼 수 있다. 작가별로 글자 모양이 다른 것도 염두에 두면 좋다. 어떤 작가의 책은 글자를 알아보기 힘들 때가 있다. 아마존에서 샘플로 제공되는 부분을 먼저 확인해 보고 고르는 것이 좋을 것 같다. 요즘은 소문자로 된 책도 많이 나오고 있어서 생각보다는 선택 범위가 넓다.

그래픽 노블은 다양한 주제와 형식이 돋보이는 작품들이 많아서 골라 읽는 재미가 있다. 영어를 읽는 동안 상황에 맞는 의미로 이해하는 데 도움을 받을 수 있는 장르다. 텍스트로만 읽을 때는 이해하기 어려운 표현도 그림의 도움으로 더 잘 이해할 수 있다. 텍스트만 있는 책은 우선 문맥을 이해해야 영어 표현의 의미도 알 수 있다. 문맥이 그림으로도 제공되는 그래픽 노블을 잘 활용해 보자.

1 Emmie & Friends 시리즈
2 Sunny rolls the dice
3 Hey, Kiddo
4 The prince and the dressmaker
5 Blankets

6 Happily ever after and everything ever after
7 Book love
8 Quiet Girl in a noisy world: An introvert's story

대문자로 되어 있는 그래픽 노블

1 Sisters, Smile, Ghosts, Drama, Guts
2 Roller girl
3 New kid
4 Bloom

5 Scenes from an impending
   marriage: A prenuptial memoir
6 Persepolis
7 Maus

추천
영국 영어 원서

📖 어휘 사용의 차이

영어 원서 읽기가 익숙해지면 내용 중에서 같은 상황을 다르게 표현하는 것이 계속해서 눈에 들어온다. '창밖을 내다본다'고 할 때 어떤 책에는 look out of the window, 다른 책에는 look out the window라고 나온다. 어디서는 '월요일부터 금요일까지'를 Monday to Friday라고 하고, 또 어디서는 Monday through Friday라고도 한다. 스펠링이나 단어 선택이 헷갈릴 때도 있다. '콧수염'의 스펠링이 moustache인지, mustache인지 헷갈린다.

have got을 쓸지 have gotten을 쓸지 고민해 본 적이 있다.

이런 경험이 있다면 영국식 영어와 미국식 영어의 차이라는 가능성에 대해 인지하지 못하고 있었기 때문일 수 있다. 위에서 언급한 표현들 중 첫 번째 것이 모두 영국식 영어이고, 두 번째 것이 모두 미국식 영어의 예들이다. 영어 원서를 읽으면 비슷한 표현들의 차이가 궁금해질 때가 있다. 그럴 때는 영국식 영어와 미국식 영어의 차이일 수도 있다는 가능성만 떠올릴 수 있어도 많은 도움이 된다. 이런 차이를 염두에 두지 않으면 사전을 찾아볼 생각도 하지 못한다.

하지만 영국식 영어와 미국식 영어의 차이를 모두 알 필요는 없다. 대표적인 차이 몇 가지만 기억해 두고 비슷한 표현을 봤을 때는 영국식, 미국식 표현 방식의 차이일 수도 있다는 가능성을 떠올릴 수 있을 정도면 된다. 우리에게는 아무래도 미국식 영어가 더 익숙한데, 자신에게 익숙한 표현을 쓰면 된다.

전치사 사용에 대한 차이는 조금만 알아 두면 영어 원서를 읽을 때 편하다. 영국 사람들과 미국 사람들이 선호하는 표현 방식의 차이 때문이라는 것만 기억해도 전치사 사용이 덜 복잡해 보인다. 다음은 기억해 두면 편한 전치사 사용의 차이이다.

의미	영국식 영어	미국식 영어
거리에서	in the street	on the street
주말에	at the weekend	on the weekend
팀에서 경기하다	play in a team	play on a team
잠깐 들르다	come round	come around
~을 향해서	towards	toward

　나는 책을 읽다가 주로 come round(잠깐 들르다), maths(수학), towards(~을 향해서), mum(엄마) 이런 단어들을 발견하면 '영국 작가의 책이구나' 하고 알아차리게 되었다. 찾아보면 역시나 영국 작가의 책인 경우가 많다. 구글 엔그램 뷰어에서 검색해 보면, '둘러본다'고 할 때는 영국이나 미국 사람들 모두 look around라고 하는 경우가 더 많지만, '잠깐 들른다'고 할 때는 선호하는 표현이 달라진다는 것을 알 수 있다. 영국 사람들은 come round, 미국 사람들은 come around를 주로 쓴다. mathematics를 줄여서 말할 때도 영국 사람들은 마지막에 있는 철자 s를 붙여서 maths라고 하지만 미국 사람들은 맨 앞의 철자만 이용해서 math라고 쓴다. 영국 사람들이 자주 쓰는 towards도 미국 사람들은 toward라고 더 짧게 쓴다. 단어 선택도 미국 사람들이 좀 더 간편한 방식을 선호하는 경향이 있다.

　단어 사용에 대한 차이는 이보다 훨씬 더 다양하다. 어떤 것은 모르고 지나가기도 한다. 예전에 영어 읽기 교재에서 absent(~이 없다면)를 전치사로 쓴 문장을 봤다. without을 써도 될 것 같은데 absent를 썼다. 나중에 영국의 시사 주간지인 이코노미스트The Economist에서 사용하는 문체에 대해 정리한《The Economist style guide (by Ann Wroe)》에 나온 설명을 읽고 알게 되었다. absent를 전치사로 쓰는 것은 미국식 표현이라고 한다. 형용사나 동사로 쓰는 건 괜찮지만 in the absence of라는 의미의 전치사로는 쓰지 말라고 되어 있었다.

📖 관사와 동사 사용의 차이

관사 사용과 시제 표현에서도 약간의 차이가 있다. 병원에 입원하고 있는 상태를 말할 때가 가장 대표적이다. 영국 사람들은 in hospital, 미국 사람들은 in the hospital이라는 표현을 더 많이 쓴다. 우리나라에도 잘 알려진《한밤중에 개에게 일어난 의문의 사건The curious incident of the dog in the night-time (by Mark Haddon)》은 문체가 쉬운 편이고 감동적이다. 이 책에는 'go into hospital(병원에 입원하다)', 'be in hospital(병원에 입원하고 있다)'이라는 표현이 나온다. 영국 작가의 작품이라 관사 없이 쓴 것이다. 시제 사용도 좀 다르다. 같은 상황에도 영국 사람들은 현재완료를, 미국 사람들은 간단한 과거 시제를 더 선호하는 경향이 있다. get의 과거 분사는 영국 사람들이 got, 미국 사람들이 gotten을 더 많이 쓴다. 하지만 'You've got mail(편지 왔어요)', 'I've got this(내가 알아서 할게요)', 'I've got to go(가야 해요)' 같은 표현은 미국 사람들도 got을 쓴다.

영국 영어와 미국 영어는 차이가 있긴 하지만 서로 영향을 주고받으며 비슷해져 가는 모습도 보인다. 요즘은 영국 사람들도 좀 더 많은 사람이 사용하는 미국식 영어 표현을 쓰는 경우가 많다. 구글 엔그램 뷰어로 검색해 보면, 영국 사람들도 '기차역'을 railway station보다는 train station, '트럭'은 lorry보다 truck이라고 더 자주 쓰고 있다고 나온다. 철자 사용의 차이에 관해서 알아보면 미국 사람들은 요즘 dialog보다 영국식인 dialogue라고 쓰는 사람이 더 많다는 검색 결과를 볼 수 있다.

이제 영어는 인터넷 덕분에 전 세계인의 언어가 되어 가고 있다. 각 나라별 영어 표현의 차이까지 따로 익힐 필요는 없지만, 열린 생각이 필요한 시대에 살고 있다는 것만은 틀림없다. 영국 작가가 쓴 책을 읽으면 익숙한 표현만이 옳은 것이라는 생각에서 벗어나 영어를 좀 더 폭넓게 이해할 수 있다. 영국 사람들이 쓰는 어휘를 접해 볼 수 있는 소소한 재미도 있다.

다양한 장르의 영국 문학

1 The secret lake
2 The graveyard book
3 The boy in the striped pajamas
4 The guest list
5 Me before you

6 Bridget Jones's Diary
7 The girl on the train
8 About a boy
9 The midnight library

6장

주제별 추천
영어 원서

한국 정서와 문화를 영어로 담은 책

우리나라의 정서나 문화에 대한 영어 표현이 생각 안 나서 답답했던 경험이 한 번쯤은 있을 것이다. 이럴 때는 한국 작가의 작품을 영문으로 번역한 소설을 읽으면 도움이 된다. 영문 번역 소설이 아마존에 많이 나와 있다. 경향신문 2021년 12월 17일자 기사에 따르면 한국 문학 번역원 지원을 받아 해외에 출간된 한국 문학은 29개 언어권, 180종에 달한다. 번역원이 설립된 1996년 이래 가장 큰 규모라고 한다. 영어로 번역된 한국 문학 작품 중에 해외 북튜버들이 다음의 세 권을 소개하는 것을 자주 봤다.

1   Almond (by Won-pyung Sohn) 아몬드 (손원평)
2   Kim Ji-young, born 1982 (by Nam-Joo Cho) 82년생 김지영 (조남주)
3   Please look after Mom (by Kyung-Sook Shin) 엄마를 부탁해 (신경숙)

　　문체는 십 대 남자아이가 주인공인《아몬드》가 쉬운 편이다. 앞으로도 아동이나 청소년을 대상으로 하는 좋은 책들의 영문 번역본이 앞으로 더 많이 나오면 좋겠다.《82년생 김지영》의 영문 제목에는 연도 앞에 전치사가 없다. 우리말의 '82년생'이라는 어감을 살리려고 쓰지 않은 것이다. 신문 기사에 따르면 신경숙의《엄마를 부탁해》영문 번역본은 2011년 뉴욕타임스 소설 베스트셀러 13위에 오른 적이 있다. 2018년에는 미국의 한 제작사와 드라마 판권 계약을 했다고 한다. 미국 드라마로 만들어지면 영어를 배우기에도 좋을 것 같아서 기대가 된다.

　　영문 번역본은 우리의 정서와 문화에 대한 영어 표현을 접할 수 있는 좋은 기회이다. 무엇을 말하는지 어떤 상황인지 이해가 금방 된다. 평소에 먹는 반찬 이름이 영어로 번역되어 있다. 자신의 국에서 고기를 건져 아들 밥그릇에 놓아 주는 엄마도 나온다. 우리말의 어떤 표현을 영어로 옮긴 것인지 그대로 연상된다는 것이 가장 큰 장점이다. 읽으면서 우리말에 딱 맞는 의미가 자연스럽게 떠오르려면 영어 원서 읽기가 많이 익숙해진 후에나 가능한 일이다. 그런 면에서 한국의 정서와 문화를 가장 많이 담고 있는 영문 번역본을 읽는 것은 홈그라운드에서 펼치는 경기와도 같다.

한국계 작가의 소설을 읽을 때도 비슷한 느낌을 받는다. 이민진 작가의 《파친코Pachinko》를 읽으면 영어 문장에 한국말이 묻어나는 느낌이 든다. 작가가 우리말을 알고 있지 않을까 하는 생각을 자주 했다. 책에서 한국어 단어를 그대로 쓴 것만 봐도 그렇다. 고생(go-saeng), 눈치(noonchi), 제사(jesa) 등을 한국어 그대로 썼다. 한국 음식의 이름이나 오빠, 아저씨, 아주머니 같은 호칭도 그대로 써서 더 친근하다. 대부분 다른 영문 번역 소설에서는 '제사'를 an ancestral rite로 번역한다. 그러나 《파친코》에서는 우리말을 그대로 쓰고서 observe, perform, do 등의 동사를 이용해 '제사를 지내다'라고 표현하고 있었다.

'눈치'는 그래도 설명을 넣어 줄 것 같았는데 설명도 없었다. 문장 안에 그대로 넣어서 썼다. '눈치가 없다'라는 말은 많은 사람들이 영어 표현을 궁금해하는 말 중에 하나다. 앞으로는 우리가 영어로 말할 때 '눈치'를 그대로 쓰는 건 어떨지 생각해 봤다. 2021년 한 해에만 한국어 기원 단어 26개가 옥스퍼드 영어 사전에 올랐다. 언니, 오빠, 먹방, 대박, 치맥, 반찬, 파이팅, 스킨십, 콩글리시 등과 같은 단어들이다. 영어 원서를 읽다가 '반찬'이라는 단어가 나오면 반가웠는데 이제는 주요 영어 사전에도 오른 단어가 되었다. '파이팅'이나 '스킨십' 같은 단어는 콩글리시라고 무시했는데 콩글리시라는 단어까지 모두 옥스퍼드 영어 사전에 올라 있다. 최근 한국계 미국인 작가 최윤^{Yoon Choi}이 낸 단편집의 제목은 《스킨십^{Skinship}》이다. 평소에 엄마가 쓰는 것을 듣고 자랐는데 친구가 추천해서 책 제목이 되었다고 한다. 더 시간이 지나면 '눈치'도 옥스퍼드 영어 사전에 오르는 것을 보게 될 날이 올지도 모르겠다. '눈치'를 굳이 eye sense, sense, wits 같은 영어 단어로 바꿔 놓고 보면, '대박'을 big gourd(커다란 박)라고 바꿔 말하는 것만큼이나 어색하게 느껴진다. 우리말 단어가 가진 뉘앙스를 완벽하게 전달할 수 있는 영어 단어를 찾기 어려울 때가 더 많다. 영어를 우리말로 바꿀 때도 마찬가지일 것이다. '눈치'는 그냥 '눈치'라고 해야 그 느낌이 제대로 전달되는 것 같다.

한국계 미국인 최초의 뉴베리 수상 작가, 린다 수 박^{Linda Sue Park}의 작품도 빼놓을 수 없다. 일제 강점기의 한국을 배경으로 하는 책인

《내 이름이 교코였을 때When my name was Keoko》, 2002년 뉴베리 수상작인 《사금파리 한 조각A single shard》, 한국의 전통문화를 그린 책인《연싸움The kite fighters》과《널뛰는 아가씨Seesaw girl》, 뉴욕에 나타난 고구려 주몽 이야기인《내 친구 주몽Archer's quest》, 그리고《뽕나무 프로젝트Project Mulberry》의 작가이다. 이 중에《내 이름이 교코였을 때》는 선희와 태열 두 남매의 시점으로 번갈아 가며 전개되는 방식의 소설인데, 문체가 쉬운 편이다.《뽕나무 프로젝트》도 문체가 쉬운데 다른 책들과 달리 배경이 현대이며, 분위기가 밝다.

한국계 작가의 작품은 한국 이민자 부모들이 살아가는 모습과 그 자녀들의 심리까지 묘사가 잘 되어 있다. 아이들이 주인공인 책은 문체가 상대적으로 더 쉽다.《Stand up, Yumi Chung (by Jessica Kim)》,《Krista kim-bap (by Angela Ahn)》이 두 권도 괜찮았다. 몰입감이 뛰어난 책은 아닌데 한국의 정서와 문화에 대한 묘사가 있어서 좋다. 특히,《Stand up, Yumi Chung》은 초반부터 한국인의 행동과 심리를 묘사한 영어 표현들에 반했다. 영어는 《Krista kim-bap》이 더 쉽게 느껴질 것이다.

회고록 중에는《H 마트에서 울다Crying in H Mart (by Michelle Zauner)》가 좋았다. 저자는 한국인 엄마와 독일계 아버지 사이에서 태어났다. 한국의 정서와 문화뿐 아니라 한국 음식 이야기가 많이 나와서 초반부터 몰입하게 만든다. 문체가 쉬운 편은 아니지만,

한국 독자들에게 공감될 만한 부분이 많다. 영어 표현을 보면 어떤 의미인지 바로 머리에 그려진다. 특히, 한국 음식에 대한 영어 표현들이 기억에 많이 남는다. '윤기가 흐르는 갈비 한 점'은 a piece of glistening short rib, '고기에 쌈장을 조금 묻힌 것'은 a dredge of ssamjang이라고 표현했다. 아무 사전 정보 없이 읽기 시작했는데 초반부터 몰입하게 만드는 힘이 있었다. 굉장히 슬픈 책이기도 했다. 엄마를 암으로 잃은 딸의 심경과 그 과정이 자세히 나온다.

특이한 형식의 회고록으로는《마법 같은 언어The Magical Language of Others (by E. J. Koh)》가 눈에 뜨인다. 십 대 시절 한국에서 엄마가 보내 준 한글 편지를 모두 영어로 번역해 넣었다. 엄마의 한글 편지와 영문 번역본이 함께 실려 있어서 이 둘을 비교해 봐도 영어 공부에 도움이 될 것 같다. 만화로 된 회고록 중에는《Almost American girl (by Robin Ha)》이 괜찮았다. 작가가 중학교 때 미국으로 갔기 때문에 한국의 정서와 문화에 대한 영어 표현을 배우기 좋다. 2002년 우리나라에서 열렸던 월드컵 이야기, 길거리 음식 이야기, 학교 다닐 때 이야기들이 나온다. 미국에서 처음 영어를 배울 때 겪었던 어려움도 잘 나와 있다. 단어는 다 알겠는데 이 단어들이 함께 쓰였을 때는 무슨 말인지 이해가 안 된다는 장면이 특히 기억에 남는다. 영어로 이렇게 표현되어 있다.

I know what all these words mean but can't figure out
what they mean together!

학교에서 영어를 도와주는 선생님과 매일 영어로 편지를 주고
받던 저자가 한 말이다. 선생님의 편지를 사전 찾으며 읽어도 무슨
말인지 알 수가 없었다. 영어 원서를 처음 읽을 때도 이런 경험을
하게 될 것이다. 단어는 다 아는데도 무슨 말인지 이해가 안 가는
문장을 자주 만나게 된다. 이 책의 작가는 한국 음식 만드는 법도
만화《Cook Korean!: A comic book with recipes》로 출판했다.
개인적으로 한국어를 아는 작가가 쓴 영어 원서를 읽는 것이 영어
표현을 익히는 데 더 좋은 것 같다. 우리에게 익숙한 정서와 문화
를 언어에 담아내기 때문이다.

한국의 정서와 문화를 배경으로 하는 책은 영어 표현의 의미가
머리에 더 잘 그려질 수밖에 없다. 우리가 평소에 자주 쓰는 표현
을 영어로 접하니 우리가 실제로 필요한 영어 표현을 익힐 수 있다.
영어를 보면 어떤 상황인지 바로 알 수 있다는 장점도 있다. 'fluff
the rice with a wooden spoon'을 읽으면 밥을 주걱으로 포슬
포슬하게 담는 모습이 떠오른다. 'shovel rice into my mouth'를
보면 밥 먹는 걸 영어로 이렇게 말하는구나 하고 배운다. 'a low
dining table'을 책상 삼아 공부했다고 하면 밥상에서 공부했다

는 말이라는 것을 금방 이해한다. 원어민들도 이런 영어 표현을 보고 무슨 말인지는 이해하겠지만 우리는 언어가 전달하는 의미 그 이상의 것을 떠올리게 된다. 한국인 작가의 영문 번역 소설이나 한국계 미국인 작가의 작품을 읽으면 내용이 더 잘 와닿아 영어를 내 것으로 만드는 데에도 도움이 된다.

이민자의 삶을 다룬 영어 원서

이민자들의 삶과 정체성을 담은 책

언젠가부터 이민자를 주제로 하는 소설이나 회고록에 관심이 가기 시작했다. 처음에는 미국에 사는 한국계 이민자 가족의 이야기를 읽다가 점점 범위가 확장되어 나갔다. 다른 나라 출신 이민자들의 삶이 궁금해서 일부러 더 찾아 읽었다. 살아가는 모습은 어떤지, 어떤 사연들이 있는지 궁금했다.

미국에 사는 이민자들에 대한 소설이 생각보다 많다. 그중에 이민자들의 다양한 삶을 그린 책 두 권을 먼저 소개해 본다. 짧은 이

야기들이 하나의 이야기 안에 들어 있다는 공통점이 있다. 두 권
모두 얇은 책이기도 하다.

1 Seedfolks (by Paul Fleischman)
2 The house on Mango street (by Sandra Cisneros)

첫 번째 책은 쉽고 짧은 소설,《작은 씨앗을 심는 사람들Seedfolks
(by Paul Fleischman)》이다. 여러 나라 출신 이민자들의 모습이 하나
의 큰 이야기 안에 단편처럼 구성되어 있다. 저자가 아이들을 위한
책으로 썼다는데 오히려 성인이 읽었을 때 생각할 거리가 더 많고,
아이들은 재미없어할 수도 있다. 이 책에 나오는 열세 명의 이민자
중에 한국계 이민자도 있다. 몰입감은 적당히 있는 편이다. 하지만
워낙 얇은 책이라 금방 읽는다. 이 책을 읽고 이민자를 주인공으로
하는 책을 읽어 보면 어떨까 해서 가장 먼저 소개해 본다.

두 번째로 소개하고 싶은 책은 미국에 사는 멕시코 이민자들의
모습을 그린《The house on Mango street (by Sandra Cisneros)》

이다.《작은 씨앗을 심는 사람들》은 여러 나라 출신 이민자들이 차례로 등장하지만, 이 책은 멕시코 이민자들이 살아가는 다양한 모습을 그리고 있다. 열두 살 여자아이 에스페란사[Esperanza]의 성장 소설이기도 하다. 1984년 작품인데 요즘도 미국의 중고등학교 토론 시간에 자주 등장하는 책이라고 해서 읽어 봤다. 멕시코 이민자들의 삶이 현실적으로 묘사되어 있다. 생각보다 흥미진진하지는 않았지만 작가의 자전적 소설이라고 하는 점이 흥미로웠다.

멕시코 이민자들의 삶을 엿볼 수 있는 청소년 소설,《나는 완벽한 멕시코 딸이 아니야[I'm not your perfect Mexican daughter] (by Erika Sánchez)》도 좋았다. 멕시코에서 미국으로 온 부모를 둔 십 대 딸이 주인공이다. 이민자로 살아가는 부모의 모습, 주인공이 엄마와 갈등을 겪는 부분, 자신의 삶을 살아가기 위해 떠나는 장면 등이 기억에 남는 책이다. 어느 날 갑자기 교통사고로 죽은 언니의 비밀을 알아가는 과정이 많은 부분을 차지하고 있어서 몰입감도 좋은 편이다.

다음은 내용 중 일부를 대화로 다시 구성해 본 것이다. 서점에서 우연히 만나 서로 호감을 느낀 두 남녀의 대화이다.

남자 Where are you from? 어디 출신이죠?

여자 I'm from Chicago. 시카고

남자 But where are you from from? 그러니까 원래 어디 출신이냐고요

여자   I'm from from Chigago. I just told you. 시카고라고 <s>방금 말했잖아.</s>

남자   No. What I mean is... Forget it. 아니, 내 말은... <s>잊었어.</s>

남자는 "Where are you from from?"이라고 한 번 더 묻는다. 어느 나라 출신인지를 묻는다는 의미로 from을 한 번 더 썼다. 여자는 다시 질문을 받고도 시카고라 답한다. 그녀는 멕시코에서 이민 온 부모님을 두고 있지만, 미국에서 태어나 자랐다. 'Where are you from?' 외에 이민자들에게 어느 나라에서 왔는지 묻는 말을 모아 봤다.

Where were you born?

What (ethnicity) are you?

Where are you really from?

Where are you originally from?

Where were your parents born?

What kind of Asian are you?

이민자 가정의 자녀들은 미국에서 태어나고 자랐어도 어느 나라에서 왔느냐는 질문을 받는다고 한다. 그러다 보니 자라면서 정체성에 혼란을 느끼게 된다. 이민자 부모를 둔 청소년이 나오는 소설에서 쉽게 볼 수 있는 장면들이다. 독일계 아버지와 한국인 어머니를 둔《H 마트에서 울다》의 저자도 십 대 시절 정체성에 큰 혼란을 겪었지만, 자신이 먹고 자란 음식 덕분에 정체성의 혼란에서 벗어날 수 있었다고 한다. 한국 음식을 먹고 자랐고 한국 음식을 좋아하는 자신에게 미국에 사는 한국인이라는 정체성을 부여해 주었다.

이민자들이 나오는 소설에는 영어를 배우느라 고생하는 장면도 자주 나온다. 어른이 읽어도 감동적인 소설,《에스페란사의 골짜기Esperanza rising (by Pam Muñoz Ryan)》의 주인공 에스페란사는 멕시코 이민자이다. 농장주의 외동딸로 부유하게 살다가 미국에서 가난한 이민자로 씩씩하게 살아가는 이야기이다. 이 책에는 영어를 말하는 것이 마치 막대기를 입에 물고 말하는 것처럼 들린다고 묘사한 장면이 나온다. 영어가 얼마나 낯설게 들렸는지 짐작할 수 있다. 베트남 전쟁을 피해 미국에 온《사이공에서 앨라배마까지Inside out & back again (by Thanhha Lai)》의 주인공이 관사articles 사용을 어려워하는 장면도 기억에 남는다. 품사, 시제, 관사 등 신경 쓸 것이 너무 많아서 영어로 얼른 말이 안 나온다는 부분에서 공감한 독자들이 많을 것이다. 흥미롭게도,《사이공에서 앨라배마까지》와《How to Pronounce Knife: Stories (by Souvankham Thammavongsa)》에는 둘 다 칼knife의 철자와 발음을 어려워하는 장면이 나온다.

이민자들의 삶을 그린 소설이나 회고록을 읽다 보면 문화와 역사에 대해서도 알게 된다. 재미있게 읽다 보면 궁금한 것이 생겨서 관련 자료를 찾아보기도 한다. 역사적인 배경이 비슷한 이야기끼리 연결되기도 한다. 나중에는 이민자와 관련 없는 책을 읽다가도 연결 고리가 생겨서 더 흥미롭게 읽게 된다. 인디언들이 겪은 일을 소설로 읽다 보니 미국의 역사에도 관심을 가지고 더 알아보게 되었다. 미국에서 또 다른 이방인으로 살아가는 아메리카 대륙의 원주민인 인디언들의 이야기를 다룬 소설도 함께 소개해 본다. 한국인 이민자를 주인공으로 하는 소설부터 다양한 배경을 가진 쉽고 재밌는 책으로 골라 보았다.

1   A step from heaven
2   The sun is also a star
3   Eleanor and Park
4   Save me a seat

5   The front desk
6   The year of the dog,
    The year of the rat,
    Dumpling days

1 Indian no more
2 The absolutely true diary of a part-time Indian
3 Other words for home
4 The poet X

📝 비정상적인 모습의 부모를 반면교사로 삼을 수 있는 책

영어 소설이나 회고록에 나오는 비정상적인 부모들의 모습을 통해 깨닫게 된 것이 하나 있다. 아이들은 나이에 상관없이 부모에게 사랑과 인정을 받고 싶어 하는 존재라는 것이다.

나는 영어 원서를 읽을 때 부모에 대한 주제가 나오면 더 관심 있게 본다. 그중에서도 문제가 있는 부모가 나오면 더 집중해서 읽는다. 왜 그런지 모르지만, 현명하고 지혜롭고 사랑이 넘치는 부모들보다 문제 있는 부모들의 모습 속에서 더 많은 걸 배우게 된다.

그 여운이 더 오래 가기도 한다. 아이에게 잘못된 사랑을 전할 때 어떤 결과를 초래하는지 너무도 생생하게 보여 주기 때문이다. 다음과 같이 우연히 연속해서 읽게 된 책들 덕분에 이런 생각이 더 굳어졌다.

1 Chinese Cinderella (by Adeline Yen Mah)
2 Everything I never told you (by Celeste Ng)
3 The Great Gilly Hopkins (by Katherine Paterson)

《차이니즈 신데렐라Chinese Cinderella (by Adeline Yen Mah)》는 저자의 어린 시절부터 영국에서 의학 공부를 시작하기 전까지의 이야기를 다룬 자전적 내용이다. 1940년대 중국의 삶과 역사적인 배경을 엿볼 수 있어서 흥미로웠다. 몰입해서 읽기 좋은 구성이 있는 책이었다. 청소년 대상의 회고록이지만 성인이 읽기에도 좋았다. 이보다 먼저 나온 회고록《Falling leaves: The Memoir of an Unwanted Chinese Daughter》도 베스트셀러가 되었지만 아마존에서 보면 청소년 대상의《차이니즈 신데렐라》의 평점 개수가 훨씬 더 많다.

《차이니즈 신데렐라》의 저자 애덜린은 5남매의 막내로 태어나 생후 2주 만에 엄마를 잃는다. 아버지는 1년 후에 17세인 여성과 재혼한다. 애덜린은 부모로부터 관심과 사랑을 받지 못한 채 자라는데, 아버지는 막내딸의 이름, 나이, 생일도 모를 정도다. 엄마가 애덜린을 낳다가 죽었다는 이유로 형제들에게도 미움을 받는다. 하지만 명석한 두뇌에 공부도 열심히 하여 성적이 매우 우수했다. 기숙사에서 보낸 학창 시절 내내 가족이 한번도 찾아오지 않는 유일한 학생이기도 했다. 자신의 의지와 노력으로 꿈을 이룬 애덜린의 이야기는 실화이기 때문에 더 감동적이었다.

이 책을 단숨에 읽고 나서 저자가 몹시 궁금해 유튜브에서 찾아봤다. 저자가 책 출간 후에 했던 인터뷰 내용이 기억에 남는다. 새엄마가 돌아가시고 나서야 볼 수 있었던 아버지의 유언장에 관한 이야기이다. 자신에게도 형제들과 똑같은 몫의 유산을 남겼다는 사실을 알게 되고 비로소 아버지의 사랑을 느꼈다고 한다. 이것은 애덜린에게 매우 중요한 문제였다. 아버지가 자신을 자식으로 인정하는지 아닌지를 알 수 있는 중요한 부분이었기 때문이다. 애덜린의 나이 50이 넘었을 때였다. 저자는 관심과 사랑을 준 적이 없는 아버지에게, 심지어 상상할 수 없는 정서적 학대를 가했던 새

엄마에게도 인정받기를 간절히 원했던 것이다.

《내가 너에게 절대로 말하지 않는 것들Everything I never told you (by Celeste Ng)》은 내용을 전혀 모르는 상태에서 읽기 시작했다. 이 책에도 자녀 양육에 있어서 비정상적인 부모가 나온다. 자식에 대한 집착이 어떤 불행을 가져오는지 생생하게 그려낸다. 만약 살인 사건에 대한 흥미진진한 스릴러물을 기대했던 사람이라면 실망이 클 수도 있다. 엄마의 마음으로 읽으니 더 몰입된 상태로 읽게 되어 책을 손에서 놓을 수 없었다. 자신이 살지 못했던 삶을 딸이 살아 주기 바라는 엄마 아빠의 집착이 초래한 불행에 대한 내용이다. 이 책을 읽으면 부모로서 반성하게 된다. 아이를 키우는 데 있어서 뭘 잘못하고 있는지, 무엇을 중요하게 생각해야 하는지 깨닫게 해 주는 책이었다.

그 다음으로 읽은 책은 《위풍당당 질리 홉킨스The great Gilly Hopkins (by Katherine Paterson)》이다. (참고로 주인공 여자아이의 이름은 길리Gilly로 발음해야 한다.) 말썽꾸러기 여자아이에 관한 책일 것이라고 짐작만 하고 별 기대 없이 읽기 시작했다. 뜻밖에도 참 괜찮은 책이었다. 영어가 쉬운 편이고 몰입감도 있었다. 나는 마지막 부분에서 큰 감동을 받았다. 주인공 길리 홉킨스는 위탁 가정에 맡겨진 후 이제 겨우 사랑받는 것이 어떤 것인지 알게 될 무렵 중요한 선택을 하게 된다. 저자가 전하고 싶었던 메시지를 마지막에 담은 것이 아닐까 하는 생각이 들 정도였다. 제목이 왜《The great Gilly Hopkins》인지, 왜 뉴베리 아너상을 받았는지도 마지막 부분 때문이 아니었을까 하는 추측을 해 봤다.

먼저 읽은 책《차이니즈 신데렐라》와 비슷한 부분이 있어서 더 감동적이었는지도 모른다. 이 소설의 주인공인 11살 여자아이도 간절히 원하는 것이 부모의 사랑을 받는 것이었다. 다 읽고 보니 예전에 읽었던 책,《비밀의 숲 테라비시아》와 같은 저자였다. 이 책도 참 좋았는데 또 다른 보물을 발견한 기분이 들었다.

《가족 연습 One for the Murphys (by Lynda Mullalay Hunt)》은 일부러 찾아 읽은 책이다. 길리 홉킨스처럼 위탁 가정에 맡겨진 아이에 관한 책을 더 읽고 싶었다. 엄마에 대한 배신감을 안고 위탁 가정에서 살게 된 12살 칼리 Carley는 안정된 가정이 어떤 것인지, 사랑을 받는다는 것이 어떤 것인지 배운다. 칼리가 엄마에게 느끼는 감정, 배신감, 분노 등을 통해 아이에게 어떤 부모가 되어야 하는지를 느끼게 해 주는 책이었다. 몰입감도 좋고 영어도 어렵지 않다.《가족 연습》의 작가는 쉬운 문체로 감동적인 책을 쓰는 작가이다. 이 저자의 다른 책도 읽어 볼 만하다.

《가족 연습》을 읽고 나니 예전에 재밌게 읽었던《소원을 이루는 완벽한 방법 Wish by Barbara O´Connor》이 떠올랐다. 비교적 쉬운 문체로 쓰인《개를 훔치는 완벽한 방법 How to steal a dog》의 작가 책이기도 하다.

아이들에게 관심이 없고 사랑을 준 적이 없는 엄마, 감옥에 간 아빠를 둔 11살 소녀 찰리의 이야기이다. 찰리는 아이가 없는 이모네 집에서 사랑과 보살핌을 받으며 지내게 된다. 이모는 이상적인 부모의 모습이고 엄마는 이상하리만치 비정상적이다. 이 둘의 대조적인 모습이 인상적이었고 부모의 사랑을 받아 보지 못한 찰리의 모습은 무척이나 안쓰러웠다.

2003년 뉴베리 아너상 수상작 《홀리스 우즈의 그림들Pictures of Hollis Woods (by Patricia Reilly Giff)》도 위탁 가정에 맡겨진 11살 여자아이 이야기이다. 대체로 다른 위탁 가정 이야기의 주인공 여자아이들은 책을 좋아하는데 홀리스는 그림 그리기를 좋아한다. 이 책 역시 가족의 의미를 생각하게 한다. 성인이 읽으면 아이들에게 가족의 의미가 얼마나 큰 것인지 깨닫게 될 것이다. 어른들이 생각하는 것 그 이상이다.

학대받는 아이, 부모의 과도한 집착과 기대에 맞추려고 애쓰는 가여운 아이, 위탁 가정에 맡겨진 아이가 나오는 책은 어떤 부모가 되어야 하는지 저절로 배우게 된다. 아이가 어릴 때는 육아 관련 지침서를 주로 읽었다. 하지만 그런 육아 관련 지침서보다 소설이나 회고록을 읽을 때 더 큰 감동과 깨달음을 얻는 것 같다. 소설과 회고록은 읽는 사람이 스스로 돌아보고, 생각하고, 깨닫게 만든다.

학교 생활에 관한
영어 원서

㉮

 학생을 변화시키는 참된 스승이 등장하는 책

오래전에 교육 대학원 수업을 맡은 적이 있다. 교사가 되기를 원하는 분들이나 교사인 분들이 영어 읽기 수업에 참여하고 있었다. 훌륭한 선생님이 나오는 쉽고 짧고 재미있는 영어책을 권해 드리고 싶었다. 가장 먼저 떠올랐던 책은 앤드루 클레먼츠 Andrew Clements 가 쓴 《프린들 주세요 Frindle 》였다. 영어 교육을 전공하는 분들이니 언어의 특성에 대해서 생각해 볼 수 있어서 좋을 것 같았다. 그리고 무엇보다 이상적인 교사상에 대해서 생각해 봤으면 하는 마음이 컸다.

이 책을 권해 드리고 A4용지 한 장짜리 영어 독후감을 쓰도록 과제를 냈다. 주교재로 사용하는 책을 보기도 바쁜데 영어책을 하나 더 읽으라니 큰 부담이 되었을 것이다. 게다가 아이들이나 볼 것 같은 영어 원서라 더욱 황당하기도 했을 것 같다. 그럼에도 불구하고, 교사가 될 분들과 이미 교사인 분들이 이 책을 꼭 읽으면 좋겠다고 생각했다.

《프린들 주세요》는 완성하는 데 6년이나 걸렸다고 한다. 새로운 단어를 만들어 낸 소년과 그 소년의 선생님에 관한 이야기가 세상에 나오기까지 이렇게 오랜 시간이 걸렸다. 이야기 구조가 탄탄하고 주제도 참신하다. 오래전에 읽었지만, 마지막 부분에서 느꼈던 감동은 지금도 기억이 난다. 그 뒤로 앤드루 클레먼츠의 책을 하나씩 찾아 읽게 되었고 지금은 거의 다 소장하고 있다. 우리나라에도 잘 알려진 학교 이야기 시리즈는 문장과 단어가 쉽고 이야기에 몰입해서 읽기 좋다. 감동도 있어서 아이들 책이지만 성인이 읽기에도 괜찮다. 나는 길이가 긴 책이나 내용이 깊은 책을 끝내고 나서 가볍게 읽고 싶을 때 하나씩 읽어 보기 좋았다.

학교 이야기 시리즈는 특히 선생님들께 권하고 싶다. 아이들의 심리를 이해하는 데 도움이 되기 때문이다. 작가가 초등학교 교사 출신이어서 그런지 아이들의 심리와 학교 생활을 잘 그려냈다. 다음은 앤드루 클레먼츠의 학교 이야기 시리즈이다.

1 Frindle
2 Landry News
3 The report card
4 The school story
5 Extra credit
6 Lunch money

7 No talking
8 Lost and found
9 A week in the woods
10 The janitor's boy
11 Room one
12 Troublemaker

위의 책 중에《랄슨 선생님 구하기》The Landry news》도 선생님들께 권해 드리고 싶은 책이다. 언론의 역할, 이혼 가정 아이들의 심리 묘사도 인상 깊었지만 랄슨 선생님이 변화되는 모습이 감동적이었다. 책의 초반부터 빠져들게 된다. 앤드루 클레먼츠는 이 책에서도《프린들 주세요》처럼 선생님과 학생의 대결 구도를 이용해서 몰입감을 더했다. 이혼 가정 아이들의 성장 이야기이기도 하다.

그다음으로는《선생님, 우리 얘기 들리세요?》Because of Mr. Terupt (by Rob Buyea)》를 추천하고 싶다. 5학년 아이들과 선생님이 나오는 책이다. 앤드루 클레먼츠의 학교 이야기 시리즈에 나오는 아이들과 비슷한 연령대의 아이들 이야기이다. 문장이 짧고 영어가 쉬워서 초보자가 읽기에 좋다. 개성이 다른 일곱 명의 아이들이 돌아가면서 자신의 이야기를 한다. 등장인물 각자의 관점에서 이야기가 전개되는 방식이다. 이런 방식 중에는 주인공 남녀 두 명의 시점으로만 번갈아 가며 진행되거나 주요 인물 중심으로 진행되다가 주변 인물들이 잠깐 등장하는 방식도 있다.《선생님, 우리 얘기 들리세요?》는 특이하게도 일곱 명의 아이들이 모두 돌아가면서 자신의 이야기를 하는 방식이다. 아이들의 성격과 처한 환경에 대해 약간의 메모를 해 두고 읽으니 편했다. 처음 읽기 시작했을 때에는 너무 산만한 느낌이 들어서 책을 내려놓을 뻔했다. 하지만 조금만 지나면 적응된다.

아이들이 돌아가면서 자신의 이야기를 하기 때문에 문장이 구어체로 쓰였다. 소리 내서 읽기 좋은 책이라고 생각했는데, 알고 보니 2011년에 와이트 리드 얼라우드상E.B. White Read Aloud Award을 받았다. 낭독하기 좋은 책에 수여하는 상이다. 그림책과 아이들을 대상으로 하는 소설책 두 분야로 나눠서 수상작을 결정한다. 영어 원서를 낭독하면 영어 말하기에도 도움이 된다. 낭독하기 좋은 책을 만나면 더 반갑다.

《선생님, 우리 얘기 들리세요?》에도 초등학교 아이들의 심리 묘사가 잘 되어 있다. 수업을 이끄는 선생님의 모습도 나와서 좋았다. 이 책을 읽기 시작했던 이유가 바로 선생님의 기발한 수업 방식 때문이었다. 책의 초반에 독특한 수업 방식이 나오는데, 역시나 이 책의 작가도 앤드루 클레먼츠처럼 교사 출신이었다.《선생님, 우리 얘기 들리세요?》는 그 뒤로 세 권이 더 출간되었다. 다음은 이 시리즈의 책 네 권이다.

훌륭한 선생님이 나오는 짧은 문장과 쉬운 문체의 영어 원서, 《Fish in a tree (by Linda Mullaly Hunt)》도 꼭 추천하고 싶은 책이다. 이 책의 저자 역시 교사 출신이다. 학교에서 일어나는 일과 아이들의 심리, 선생님들의 모습을 잘 그려냈다. 오랜만에 다시 책을 펼쳐 보니 감동적인 구절에 포스트잇을 붙여 놓고 메모해 놓았던 것이 여러 군데 보인다. 난독증이 있는 주인공 여자아이가 훌륭한 선생님을 만나서 변화되는 이야기이다. 어떤 선생님을 만나느냐에 따라 한 아이의 삶이 얼마나 달라질 수 있는지 보여 주는 감동적인 책이다. 포스트잇 붙여 놓은 부분 중에 어느 부분을 소개할까 하다가 이 책의 제목과 관련된 내용으로 골라 봤다.

Everyone is smart in different ways. But if you judge a fish on its ability to climb a tree, it will spend its whole life thinking that it's stupid.

모든 사람은 각자 다른 방식으로 똑똑하다. 그런데 물고기를 나무에 오르는 능력으로 판단하게 되면 그 물고기는 자신이 멍청하다고 생각하면서 평생을 보낼 것이다.

난독증이 있는 초등학교 6학년 여자아이 앨리^{Ally}에게 대니얼스^{Daniels} 선생님이 들려준 이야기이다. 초등학교 교사인 친구가 영어 원서를 추천해 달라길래 이 책을 권했다.

책 뒤에 실린 독자에게 쓴 편지도 감동적이었다. 저자 자신이 어릴 때 주인공 앨리와 비슷한 경험이 있었다. 나무에 오르고 스케이트보드를 타고 야구는 잘했지만, 학교 공부는 잘하지 못했다. 뒷자리에 앉아서 다른 아이들은 어떻게 저렇게 빨리 잘 해낼까 궁금해했다고 한다. 그러다 초등학교 6학년 때 만난 선생님 덕분에 자신감을 얻게 되었다. 이 선생님은 책에 나오는 대니얼스 선생님의 모델이다. 난독증이 있던 여자아이는 당당히 세상에 나와 전 세계인에게 감동을 주는 훌륭한 작가가 되었다. 만약 그 선생님을 만나지 못했더라면 어떤 삶을 살았을까? 선생님이 한 아이의 삶에 끼치는 영향력은 그 끝을 알 수 없다.

감동적인 그림 동화책 《고맙습니다, 선생님^{Thank you, Mr. Falker} (by Patricia Polacco)》의 작가도 같은 경험을 이야기하고 있다. 선생님이 지지해 준 덕분에 어려움을 이겨내고 인생을 바꾼 학생의 스토리를 담고 있다.

지금 다시 교육 대학원 영어 읽기 수업을 맡는다면 시중에 나와 있는 영어 교재 대신 위의 책 중에서 교재를 골라 보고 싶다. 한 학기 동안 영어 원서를 함께 읽으면서 토론하고 다양한 활동을 하는 것이 더 유익할 것 같다. 교사가 될 분이나 교사인 분들이 읽고 나면 학생의 삶을 바꾸는 감동적인 일이 일어날지도 모른다는 즐거운 상상을 해 본다.

A

장애아에 관한 영어 원서

가

장애아의 심리와 성장을 보여 주는 책

영어 소설 중에 선생님들과 부모님들이 꼭 읽었으면 하는 주제가 있다. 바로 장애아가 등장하는 소설이다. 장애아가 주인공인 영어 원서 중에서 가장 추천하고 싶은 책 10권을 소개한다. 주로, 장애아 자신이나 장애가 있는 가족 구성원의 성장coming-of-age 이야기를 담고 있다.

이 책들을 소개하는 첫 번째 이유는 영어가 쉬운 편이고 감동 적이기 때문이다. 아이들이 1인칭 시점에서 말하듯이 쓴 책들이라 영어 문장이 상대적으로 쉽게 느껴진다. 1인칭으로 쓰인 소설을 읽으면 주인공과 훨씬 가깝게 느껴지기도 한다. 주인공이 자신의 시점에서 보고 느낀 이야기를 하니 더 공감이 간다. 장애아의 심리와 주변 환경에 대해 이해가 깊어지면서 몰입과 감동이 배가 된다. 1인칭으로 서술된 책을 읽으면서 장애아와 그 가족의 심리를 더 깊이 이해하고 공감하는 데 도움이 되었다. 주인공의 나이가 좀 더 많아지는 청소년 소설 장르 중에도 1인칭 시점의 책이 많다. 이런 책들은 소리 내서 읽으며 연습하는 데 도움이 된다.

또 다른 이유는 장애아가 처한 환경과 장애의 종류가 다르기 때문이었다. 장애에 대한 이해를 높이는 데에도 도움이 된다. 나는 개인적으로 발달 장애 주인공이 나오는 책을 읽을 때 더 큰 감동을 받았다. 《우리들만의 규칙^{Rules} (by Cynthia Lord)》, 《Mockingbird (by Kathryn Erskine)》, 《한밤중에 개에게 일어난 의문의 사건^{The curious incident of the dog in the night-time} (by Mark Haddon)》은 발달 장애가 있는 주인공이 나온다.

《우리들만의 규칙》은 자폐가 있는 남동생의 누나가 주인공이다. 장애가 있는 동생을 둔 주인공의 심리를 섬세하게 잘 그려냈다. 찾아보니 작가가 자폐아 아들을 키우는 엄마였다. 제목은 자폐가 있는 동생에게 알려 주기 위해 열두 살인 누나가 만든 규칙을 나타내는 말이다. 읽은 지 오래되었는데도 누나가 동생에게 이 규칙들을 알려 주려고 애쓰던 모습이 기억에 남는 책이다. 《Mockingbird》는 아스퍼거 증후군을 앓고 있는 여자아이가 주인공이다. 총기 사고로 오빠를 잃은 후 그것을 극복하는 과정도 담겨 있다. 《한밤중에 개에게 일어난 의문의 사건》도 발달 장애가 있는 열다섯 살 남자아이 크리스토퍼의 성장 소설이다. 수학에 천부적인 재능을 가졌지만 다른 사람의 감정이나 표정을 읽지 못한다. 일상생활에 어려움을 겪는 심리가 잘 묘사되어 있다. 이 책은 우연히 옆집의 개가 죽은 것을 발견하면서 시작된다. 범인을 알아내는 과정이 마치 추리소설을 읽는 듯 흥미롭다. 문체가 쉬운 편이고 몰입이 잘 돼서 영어 공부에도 좋은 책이다.

《안녕, 내 뼈끔거리는 단어들Out of my mind (by Sharon M. Draper)》은 뇌성마비를 앓고 있는 11살 소녀 멜로디Melody의 이야기이다. 멜로디는 클래식을 좋아하고 유머 감각이 뛰어나다. 명석한 두뇌와 뛰어난 기억력의 소유자이기도 하다. 하지만 혼자 밥을 먹을 수도 없고 화장실을 갈 수도 없다. 이런 탓에 주변 사람들은 멜로디를 지적장애인으로 취급한다.

이 책을 읽는 동안 저자가 힘차게 부르짖는 강력한 메시지가 자꾸 들리는 것 같은 느낌을 받았다. '뇌성마비 장애아를 겉으로만 판단하지 말라!', '그 아이의 생각과 표현에 귀를 기울여라!' 저자가 이런 말을 하기 위해 이 책을 쓴 것이 아닌가 하는 생각이 들 정도였다. 작가가 궁금해서 찾아보니 발달 장애 아이를 키우는 엄마였다. 장애아가 있는 가정의 모습과 엄마의 심정을 섬세하게 잘 그려 냈다.

특히, 표지에는 빨간 금붕어 한 마리가 작은 어항을 뛰쳐나가 힘차게 날아오르는 모습을 하고 있다. 표지까지 매력적인 책을 발견하는 경우가 가끔 있는데, 이 책이 그랬다. 책을 다 읽고 나니 이 빨간 금붕어의 모습이 더 감동적이었다. 2021년에 나온 후속작, 《Out of my heart》 표지에는 유리병에서 나와 힘차게 날아오르는 반딧불이 같은 곤충이 나와 있다. 이 책도 읽어 보고 싶어서, 다음에 읽을 책 목록에 넣어 두고 있다. 《안녕, 내 삐끔거리는 단어들》을 읽고 너무 좋아서 같은 저자의 다른 책들도 찾아 읽었던 기억이 난다. 샤론 드레이퍼 Sharon M. Draper 는 비교적 쉬운 문체를 쓰는 작가이기도 하다.

신체장애가 있는 주인공이 나오는 책 4권도 있다. 많은 사람이 읽는 책, 설명이 필요 없는 책, 《원더》는 안면 기형이 있는 남자아이가 주인공이다. 등장인물의 시점에서 번갈아 가며 이야기가 진행된다. 그중에 장애가 있는 아이의 누나가 느끼는 외로움이나 일찍 철이 든 모습이 《우리들만의 규칙》에 나오는 누나의 모습을 떠오르게 한다. 《선인장의 기나긴 일생에서 아주 잠깐 스쳐 지나가는 Insignificant events in the Life of a Cactus (by Dusti Bowling)》은 양팔이 없는 아이로 태어났지만 좋은 부모에게 입양되어 씩씩하게 살아가는 긍정적인 마인드를 가진 소녀의 이야기이다. 투렛 증후군을 가진 친구와의 우정이 인상 깊었다. 엄마를 찾는 과정에 약간의 미스터리도 가미되어 있어서 몰입해서 읽기 좋았다. 후속작인 《Life of a cactus》에서는 어떤 이야기가 펼쳐질지 궁금하다. 《맨발의 소녀 The war that saved my life (by Kimberly Brubaker Bradley)》는 내반족 club foot 이라는 장애가 있는 여자아이가 주인공이다. 내반족은 발의 기형으로 걸음을 잘 못 걷는 장애이다. 제2차 세계 대전을 배경으로 한 감동적인 성장 소설이다. 첫 페이지부터 마지막까지 책을 놓을 수 없게 만드는 힘이 있는 이야기 전개가 돋보였다.

《엘 데포》는 10권의 책 중 유일한 만화이고 청각 장애가 있는 저자의 실제 이야기를 담고 있어서 더 큰 감동을 준다. 영어도 쉬워서 장애아를 주인공으로 하는 이야기에 관심이 있는 사람은 이 책부터 읽기 시작해도 좋을 것 같다. 듣기와 관련된 또 다른 장애가 나오는 책, 《Save me a seat (by Sarah Weeks, Gita Varadarajan)》도 좋았다. 특이하게도 두 작가의 공동 작품이고 스토리 전개가 탄탄하다. 이 책에는 소리에 민감한 장애가 있는 아이가 나온다. 머리가 좋은 아이지만 소리에 너무 민감하다 보니 학습 부진아로 오해받는다. 이런 장애도 있다는 것을 처음 알았다. 두 주인공의 교차 시점으로 전개되는 소설이다.

앞서 소개했던《Fish in a tree》는 난독증이 있는 아이가 주인 공인 책이다. 선생님들이나 부모님들이 읽으면 아이들을 대하는 이해의 폭이 훨씬 넓어질 것 같다는 생각을 했던 책이다. 제목처럼 적어도 물고기한테 나무에 오르라고 하는 선생님이나 부모가 되지 않도록 돌아보게 될 것 같다. 아이들을 바라보는 시각이 달라질 것이다.

지금까지 소개한 이 10권의 책은 모두 아이들을 대상으로 쓰인 책이지만 성인인 내가 읽기에도 좋았다. 내용도 감동적이라서 몰입해서 읽을 수 있다. 한 권, 한 권 읽을 때마다 그 감동의 여운이 오래 갈 것이다.

발달장애를 가진 장애아의 이야기를 다룬 도서 ━━━━━

1 Rules
2 Mockingbird
3 The curious incident of the dog in the   night-time
4 Out of mind
5 Fish in a tree

신체장애를 가진 장애아의 이야기를 다룬 도서

1 Wonder
2 Insignificant events in the life of a cactus
3 The war that saved my life
4 El Deafo
5 Save me a seat

인종 차별에 관한 영어 원서

흑인을 바라보는 시선과 편견을 다룬 책

영어 소설에 자주 등장하는 주제 중 하나가 흑인들에 대한 인종 차별 문제다. 흑인이 주인공으로 나오거나 흑인 가정의 삶을 다룬 작품 중에는 유명 문학상 수상작들도 많아서 자주 접하게 된다. 책을 읽다 보면 흑인에 대한 인종 차별은 지금 현재도 계속되고 있는 문제라는 것을 더 실감한다.

열두 살인 흑인 남자아이의 학교생활과 우정을 그린 《뉴키드New Kid (by Jerry Craft)》는 그래픽 노블 최초의 2020년 뉴베리 수상작이다. 이런 역사적인 책은 당장 읽어 봐야 했다. 도서관에서 대여해 책을 읽기 시작했다. 반납을 해야 하니 시간을 쪼개 가며 부지런히 읽게 되었다. 그런데 기대를 너무 많이 해서였을까?《뉴키드》는 생각보다 평범했다. 결말까지 예측 가능한 내용으로 마무리되었다. 어떻게 뉴베리 수상작으로 선정이 된 것인지 의아했다. 뉴베리 수상작이라면 대개 성장이라는 코드를 기본으로 장착하고 있을 뿐 아니라 교훈과 감동이 자연스럽게 따라 나오는 경우가 많다. 이런 요소가 아예 없다고는 못하겠지만, 뭔가 더 특별한 것을 기대했다면 약간 실망할 수도 있다.

처음부터 다시 읽어 봤다. 비로소 이런저런 부분들이 눈에 들어왔다. 그중에 흑인들에 대한 시각이 어떤지 보여 주는 부분이 흥미로웠다. 도서관 사서 선생님이 두 아이에게 책을 권하는 장면이다. 흑인 아이에게는 흑인이 주인공인 책을 권해 준다. 그 책은 아버지 없이 가난하게 고생하며 자란 아이가 나오는 책이다. 공감이 잘 될 것이라는 이유였다. 그러나 책을 추천 받은 흑인 아이의 아버지는 미국 500대 기업의 최고경영자이다. 아이는 권해 준 책을 받지 않는다. 바로 옆에 있던 아이에게는 그 나이 또래 아이들이 읽을 만한 모험 이야기를 권해 준다. 그 아이는 백인이었다. 바로 다음 페이지에서는 주류mainstream인 책과 흑인 아이가 주인공인 책을 표지와 줄거리 기준으로 비교해 놓았다. 주류인 책의 표지에는 마법과 희망으로 가득한 멋진 그림이 있다. 흑인이 나오는 책의 표지에는 사실주의^{realism}와 절망이 가득한 암울한 사진이 있다. 주류가 되는 책은 왕자가 무료한 삶을 떠나 용을 죽이고 공주를 구하고 훌륭한 왕이 될 것이라는 걸 아버지에게 증명하는 것으로 끝난다. 흑인이 주인공인 책에서는 세 번째로 이사한 도시에서, NBA가 되는 꿈을 이루어 나갈지 혹은 악명 높은 갱단에 합류할지를 결정해야 하는 상황이 펼쳐진다.

《뉴키드》를 읽고 나서 오래전에 읽었던 주디 블룸^{Judy Blume}의 《Iggie's house》가 생각났다. 《뉴키드》 덕분에 다시 읽었다. 다시 읽어 봐도 좋았다. 이 책 역시 흑인에 대한 인종 차별과 1960년대 미국 사회의 모습이 잘 담겨 있다. 11살 여자아이가 주인공인데 문체가 쉬운 편이며, 성인이 읽기에도 괜찮다. 1960년대 흑인 운동을 배경으로 하는 《어느 뜨거웠던 날들^{One crazy summer} (by Rita Williams-Garcia)》도 추천할 만하다. 오클랜드에 있는 엄마 집에서 여름을 보내게 된 세 자매 이야기다. 11살, 9살, 7살인 세 아이가 비행기를 타고 뉴욕에서 출발하는 것으로 이야기가 시작된다. 7년 전에 집을 나간 엄마를 처음으로 만나러 가는 길이다. 다 읽을 때까지 내려놓을 수 없게 만드는 책이었다.

청소년 소설 중에는 흑인 여고생이 주인공인 《당신이 남긴 증오^{The Hate U Give} (by Angie Thomas)》가 좋았다. 머리글자를 따서

THUG라고도 불린다. 460쪽 정도 되기 때문에 앞에서 언급한 두 책에 비해 읽기가 좀 더 부담될 것이다. 하지만 이야기 구성이 탄탄하고 감동을 주는 책이다. 이야기에 푹 빠져서 읽다 보면 페이지가 저절로 넘어간다. 주인공인 16살의 흑인 여자아이는 백인 경찰의 과잉 대응으로 죄 없는 친구가 죽는 것을 목격한 유일한 증인이다. 미국에 사는 흑인들에 대한 인종차별 문제를 다루고 있다. 백인 고등학교에 다니는 흑인 여자아이의 성장 소설이기도 하다.

　책의 두께가 얇고 문장의 길이가 짧은《고스트 보이즈 Ghost boys (by Jewell Parker Rhodes)》는 총격 사건의 희생자인 12살 흑인 남자아이가 주인공이다.《당신이 남긴 증오》에서처럼 아무런 죄가 없는 아이가 백인 경찰의 총에 맞아 사망한다. 이 아이는 고스트가 되어 1955년 실제 총격 사건의 희생자인 14세의 에밋 틸 Emmett Till을 만난다. 그래서 제목이《Ghost boys》이다. 같은 또래의 여자아이와 만나서 나누는 대화도 기억에 남는다. 총을 쏜 백인 경찰의 딸이다. 이 책의 문체는 짧으면서도 독특한 느낌을 준다. 내용과 함께 문체도 기억에 남는 책이다.

　흑인들이 나오는 책에는 비표준 영어가 나오는 경우가 있다. 표준어로 인정받지 못하기 때문에 우리에게는 온통 틀린 영어로 보인다. 하지만 조금만 자세히 들여다보면 나름의 규칙이 있다는 것을 알게 된다. 1960년대를 배경으로 흑인들에 대한 인종 차별 문제를 다룬 《헬프 The help (by Kathrynn Stockett)》에서도 비표준 영어를 많이 찾아볼 수 있다. 영화로도 널리 알려진 책이다. 이 책은 첫 페이지부터 우리가 알던 문법과 다른 영어가 쏟아져 나온다. 주요 등장인물인 흑인 가정부가 서술하는 부분이다. 색으로 표시한 부분을 가장 근접하다고 생각되는 표준 영어 표현으로 바꿔 보았다.

Mae Mobley was born on a⁽¹⁾ early Sunday morning in August 1960. A church baby, we like to call it. Taking care a⁽²⁾ white babies, that's what I do, along with all the cooking and the cleaning. I done raised⁽³⁾ seventeen kids in my lifetime. I know how to get them⁽⁴⁾ babies to sleep, stop crying, go in the toilet bowl before they mamas⁽⁵⁾ even get out a⁽⁶⁾ bed in the morning.

· 표준 영어 표현 ·

a → an⁽¹⁾, a → of⁽²⁾, done raised → have raised⁽³⁾, them → those⁽⁴⁾, they mamas → their mothers/mamas⁽⁵⁾, a → of⁽⁶⁾

일부의 경우는 다른 해석이 있을 수도 있다. 예를 들어 mamas 는 흑인들 특유의 표현이기도 하지만 흑인이 아닌 사람들도 쓴다.

1937년에 발간된 《그들의 눈은 신을 향하고 있었다^{There eyes were} ^{watching god} (by Zora Neale Hurston)》에도 흑인들의 비표준 영어가 나오는 것으로 유명하다. 이 책의 작가 조라 닐 허스튼은 미국의 대표적인 흑인 여성 작가 중의 한 사람이다. 비교적 최근에 발간된 소설 중에는 독자들에게 좋은 평을 받고 있는 《The girl with the louding voice (by Abi Daré)》에서 볼 수 있다. 열네 살의 나이지리아 흑인 소녀가 1인칭 시점으로 서술하는 형식이다. 작가는 한 인터뷰에서 교육받지 못한 나이지리아 소녀라면 어떤 영어를 쓸까 고심하면서 쓴 작품이라고 말한 적이 있다.

아무리 좋은 책이라도 처음 시작하는 원서로 이런 책을 고르면 읽기 힘들다. 읽다 보면 익숙해질 수도 있는데 웬만하면 나도 피하는 편이다. 영어 문장을 자세히 보는 습관 때문에 신경이 쓰인다. 아마존에서 제공하는 샘플 텍스트를 읽어 보고 고르면 크게 문제될 것은 없다. 샘플로 제공되는 부분에서 발견하지 못했다면 읽는 동안 신경 쓰일 정도는 아닐 것이다. 약간의 문법적인 오류가 있는 책은 나도 그냥 읽는다. 흑인이 아닌 등장인물도 비표준 영어를 쓰는 경우가 간혹 있다.

다음의 책 목록은 쉬운 책부터 어려운 책의 순서로 정리해 봤다. 개인차가 있을 수 있으니 참고만 하는 것이 좋을 것이다. 그 이외에도 표지에 까만색으로 된 코레타 스콧 킹 메달이 붙어 있으면 읽어 볼 만하다. 코레타 스콧 킹 메달은 흑인들에 대한 인종 차별을 다룬 흑인 작가에게 주는 상이다. 아이들 책에 주는 상이기 때문에 문체도 쉬운 편이다.

인종 차별에 대한 추천 도서

7장

영어 원서 읽기를
도와주는 도구들

영어 원서 읽기의 혁명, 킨들 & 킨들 앱

킨들과 킨들 앱의 장점

미국의 기업가 일론 머스크^{Elon Musk}는 태블릿, 킨들, 종이책 중에 무엇으로 책을 읽느냐는 질문을 받은 적이 있다. 그는 아이폰으로 읽는다고 답했다. 작은 화면으로 책을 어떻게 읽냐고 생각할 수도 있을 텐데, 전혀 문제가 없다고 하면서 이런 말을 덧붙였다.

But it's always with you. 항상 가지고 있으니까요.

진행자는 아이폰으로 책을 읽는다는 말에 깜짝 놀랐다. 제작진에게 아이폰을 빌려서 다시 물었다. 정말 이렇게 작은 화면으로 읽는다는 말이냐고. 그러자 일론 머스크는 말했다.

It's small, but it works. 작지만 읽을 수 있습니다.

나도 요즘은 책을 주로 휴대전화로 읽는다. 어차피 항상 들고 다니는 데다, 책을 읽는 데에도 문제가 없다. 예전에는 상상도 못 했던 일이다. 휴대전화로 독서를 하는 건 우연한 계기로 시작되었다. 그동안 잘 사용해 왔던 킨들Kindle(전자책 리더기)에 어느 날 갑자기 책 다운로드가 안 됐다. 설정에 들어가서 확인해 보고, 이것저것 아무리 눌러 봐도 안 되었다. 전원을 껐다 켠 것만 해도 수십 번은 되었을 것이다. 아마존 웹사이트에 가서 상담원과 1대1 문자 상담도 했지만 아무런 소득이 없었다. 그래서 포기하고 휴대전화로 읽기로 했다. 먼저 시 소설을 킨들 앱에서 읽어 보기로 했다. 시 소설은 페이지에 보이는 글자 수가 적으니 그나마 괜찮을 것 같았다. 킨들 앱은 전자책을 읽을 수 있도록 아마존에서 만든 무료 앱이다. 검색해서 다운로드한 후에 회원 가입을 하면 누구나 쓸 수 있다. 나는 노트북 두 개, 휴대전화 두 개에 다운로드해 두었는데 킨들 기기까지 연동이 잘 돼서 편리하다. 어느 기기든 읽던 곳에서 시작할 수 있다. 하이라이트나 메모해 둔 부분도 다 연동이 된다. 필요에 따라 자유롭게 오가며 읽을 수 있다.

막상 휴대전화로 읽어 보니 읽을 만했다. 처음에는 시 소설만 내리 세 권을 읽었다. 그러다가 일반 책을 읽어 봤는데 괜찮았다. 실제로 이용해 보니 염려했던 것과는 달랐다. 킨들 기기를 따로 들고 다니지 않아도 돼서 오히려 더 편했다. 글자 크기도 휴대전화를 이용할 때와 마찬가지로 손가락을 이용해서 조절하면 된다. 킨들 기기를 쓸 때만 해도 내가 책 몇 권을 가지고 다니는 거냐며 감격했었다. 읽다가 다른 책으로 자유롭게 넘어갈 수 있고 책을 다 읽어도 다음 책이 언제나 대기하고 있어서 좋았다. 그러다가 휴대전화로 읽으니 휴대까지 간편해진 셈이다. 휴대가 간편해지니 비는 시간도 더 잘 활용할 수 있게 됐다.

킨들 앱에는 킨들 기기에 없는 기능도 있다. 가장 많이 쓰게 되는 하이라이트 기능에 차이가 있다. 킨들 기기에서는 하이라이트가 회색만 가능하다. 앱에서는 네 개의 색깔을 이용할 수 있다. 우선 하이라이트 하고 싶은 부분에 손가락을 지그시 눌러 이동하는 방법으로 범위를 정해 준다. 손가락을 떼면 어떤 색으로 하이라이트 하고 싶은지 고를 수 있다. 노랑, 파랑, 분홍, 주황 중에 고르면 된다. 색깔마다 의미를 부여해서 사용하면 편하다. 마킹하는 것을 좋아하는 나는 연두색이 하나 더 있으면 좋겠다는 생각을 자주 했었다. 그래도 메모 기능과 북마크 기능까지 활용하면 네 가지 색깔로도 충분히 쓸 만하다.

킨들 앱의 또 다른 장점은 오디오북을 들으면서 읽을 수 있다는 것이다. 휴대전화 화면으로 책을 읽으면서 동시에 오디오북을 재생해서 들을 수 있다. 읽어 주는 문장에는 하이라이트가 되면서 지나간다. 앞부분을 다시 듣고 싶으면 화면을 넘겨 앞 페이지로 돌아가면 된다. 오디오북이 자동으로 해당 페이지 첫 문장부터 재생된다.

전자책 읽기를 시도조차 안 해 보는 사람이 의외로 많다. 전자책을 읽기 전에는 나도 회의적이었다. 책은 무조건 종이책이라는 굳은 신념을 가지고 있었다. 킨들에 관심이 조금 생기던 참이었는데 마침 지인이 안 쓰는 킨들이 있다며 주었다. 킨들 옆에 볼펜 한 자루를 둔 사진을 먼저 보내 왔다. 크기를 가늠해 보라는 배려였다. 생각했던 것보다 작은 크기에 놀랐다. 막상 써 보니 책 읽는 데 아무 문제가 없었다. 화면이 작아서 불편하다는 생각은 해 본 적이 없다. 글자 크기와 모양까지 조절할 수 있기 때문이다. 킨들 덕분에 나이 들어서도 책을 읽을 수 있을 것 같다.

사람은 뭐든지 실제로 경험을 해 봐야 더 잘 알게 된다. 옷 가게 점원들이 일단 입어 보라고 권하는 말이 꼭 장삿속은 아닌 것 같다. 실제로 입어 보면 다르다. 나에게 잘 어울릴 수도 있고 아닐 수도 있다. 킨들도 경험을 해 보면 다를 것이다. 기기를 꼭 살 필요는 없고 태블릿이나 휴대전화에 앱을 깔고 우선 사용해 보기를 추천한다. 킨들 기기를 사려는 분은 나의 경우처럼 쉽게 고장 나는 것은 아닌지 염려하지 않아도 된다. 지금은 킨들이 아주 잘 작동되고 있다. 검색해 봐도 방법을 알 수 없어서 포기하고 있을 무렵 아마존 홈페이지의 킨들 커뮤니티에 가 봤다. 거기 올라온 글을 읽다가 힌트를 얻었다. 혹시나 하고 집에 있는 인터넷 연결선을 뺐다가 꼽아 봤다. 다운로드가 마법처럼 다시 시작되었다! 혹시 갑자기 킨들에 문제가 생기면 이 방법을 꼭 활용해 보시길 바란다.

요즘은 종이책, 킨들 기기, 킨들 앱을 모두 이용하고 있다. 각각의 장점이 있으니 원하는 방식대로 선택해서 읽게 된다. 킨들로 읽다가 종이책을 읽는 느낌이 그리워지면 다시 종이책을 보기도 한다. 킨들 기기가 아무리 장점이 많아도 종이책이 주는 책의 느낌은 대체불가다. 내가 감명 깊게 읽었던 문장이 책의 어디쯤 있었는지 감이 잘 안 온다. 집중해서 읽다가 마지막 페이지란 걸 알고 깜짝 놀란 적도 있다. 내용이 헷갈리는 단점도 있었다. 한 작가의 책을 몇 권 연달아 읽을 때 그랬다. 시간이 지나니 제목과 내용을 매치하는 것이 헷갈리기 시작했다. 비슷한 주제의 자기 계발서를 한꺼번에 여러 권 읽고 나서도 비슷한 상황을 경험했다. 종이책이 주는 물리적인 느낌이 있었다면 달랐을 것이다.

하지만 이제는 킨들을 몰랐던 삶으로는 절대 돌아갈 수 없을

것 같다. 전자책이 가진 장점을 알아 버렸기 때문이다. 킨들을 잘
쓸 수 있을까 망설였는데 써 보길 정말 잘했다.

영어 원서의 매력을
더 살려 주는 오디오북

가

실감나는 내레이션의 묘미

책 내용을 읽어 주는 오디오북의 영향력은 막강하다. 읽기만 했던 것보다 오디오북까지 들은 책이 더 기억에 많이 남는다. 오디오북을 들으면 읽기만 하는 것보다 이해하기도 더 쉽다. 오디오북의 형태로는 여러 가지가 있다. 교재와 함께 시디로 제작되어 나오는 경우를 가장 많이 봤을 것이다. 영어 원서를 읽다 보면 아마존의 자회사인 오더블(audible.com)에도 관심이 생기게 된다.

오더블에 회원 가입을 하면 한 달 동안 무료로 사용해 볼 수 있다. 이 기간 동안 이용해 보고 유료로 사용할지 결정하면 된다. 한 달간 이용 가능하다는 의미는 오디오북 한 개를 소장할 수 있다는 뜻이다. 내려받은 오디오북이 마음에 들지 않으면 오더블 웹사이트에서 반납하고 다른 것으로 바꿀 수 있다. 회원 가입할 때 신용 카드 번호를 입력해야 해서 망설일 수도 있는데 가입해 두면 편하다. 프로모션 기간 동안 무료로 사용하게 해 줄 때가 있어서 요긴하게 쓸 수 있다. 한 달이 지나기 전에 구독을 취소하면 결제되지 않는다.

실감 나게 잘 읽어 주는 오디오북을 들으면 내용뿐만 아니라 영어 표현도 더 오래 기억하게 된다. 책만 읽은 경우는 시간이 많이 지나면 세부적인 내용은 거의 잊어버린다. 그 책이 좋았는지 별로였는지 그리고 대충 어떤 내용이었는지에 대한 기억만 남아 있다. 오디오북을 들은 책은 몇몇 장면이 유난히 더 기억에 남는다. 전문 내레이터narrator가 실감 나게 잘 읽어 주기 때문이다.

너무 실감 나게 읽어 주니 부작용도 있다. 끔찍한 내용은 더 무섭게 느껴진다. 실화를 바탕으로 한 그레그 올슨Gregg Olsen의《If you tell》은 오디오북을 들으니 더 끔찍했다. 엄마의 학대로 괴롭힘을 당하던 여자의 목소리가 가장 기억에 남는다. 겁에 질린 어눌한 목소리가 자꾸 귀에 맴도는 바람에 혼났다. 한동안 그 목소리를 떠올리지 않으려고 노력해야 했다.

작가가 만들어 낸 캐릭터를 완성하는 것은 내레이터가 아닐까 하는 생각을 처음 했던 오디오북도 있다. 노년의 삶을 잘 그려 낸 《올리브 어게인Olive. again (by Elizabeth Strout)》이 참 좋았다. 올리브가 하는 말은 특유의 억양으로 읽어 주는데 아주 잘 어울리는 목소리였다. 오디오북으로도 만난 올리브는 캐릭터의 매력을 한층 더 돋보이게 해 주었다. 내레이터에게 반해서 올리브 어게인의 1편인 《올리브 키터리지Olive Kitteridge》도 오더블 앱에 내려받아 두었다.

요즘 오디오북은 녹음 방식도 다양해서 듣는 재미가 더 있다. 북튜버들이 추천하던 《Daisy Jones and the Six (by Taylor Jenkins Reid)》의 오디오북은 모든 등장인물의 개성을 잘 살려서 녹음했다는 생각이 든다. 이 책은 인터뷰 형식의 대화로 되어 있다. 오디오북으로 제작해 놓으니 라디오 드라마를 듣는 것 같았다. 등장인물별로 내레이터가 각각 다른 사람인 줄 알았는데 오더블에 가보니 네 명이서 녹음한 것이었다. 북튜버들이 추천했던 이유가 있었다.

요즘은 오디오북이 워낙 잘 나오기 때문에 활용하기가 참 좋다. 상품성에 신경을 많이 쓰는 것 같다. 효과음까지 적절하게 넣은 오디오북은 마치 영상을 보는 느낌이 난다. 거의 모든 원서에 오디오북이 있다고 보면 된다. 그래픽 노블은 오디오북이 없는 경우가 많지만 잘 알려진 그래픽 노블 중에 오디오북이 있는 작품을 소개해 본다.

1 New kid (by Jerry Craft) 1시간 58분
2 White bird: A Wonder Story (by R. J. Palacio) 2시간 3분
3 Roller girl (by Victoria Jamieson) 2시간 19분
4 Good talk (by Mira Jacob) 2시간 46분

그래픽 노블은 대화 부분이 많아서 오디오북이 더 실감나게 들린다. 구어체의 영어를 소리로 직접 들어 보는 장점이 있다. 전체적인 길이도 두 시간 내외 정도 되기 때문에 부담이 없다. 책을 읽은 후에 반복해서 들어 보면 그림으로 봤던 장면이 떠오르면서 영어 표현을 기억하기도 좋다.

오디오북의 내레이터가 마음에 들면 책의 매력이 더 살아나고 그 내레이터가 읽은 다른 작품도 들어보고 싶어진다. 이왕이면 마음에 드는 내레이터가 읽어 주는 오디오북이 더 듣기 좋을 것이다. 우리 딸은 어릴 때 내레이터에 따라 오디오북에 대한 선호도가 확연하게 달랐다. 나는 별 차이를 모르겠는데 몇몇 오디오북은 틀자마자 질색을 했다. 성우의 음색과 억양이 싫다는 것이었다. 1년쯤

지난 뒤에 잊어버렸겠지 하고 틀어 보면 역시나 같은 반응이었다. 예를 들면《엘라 인챈티드 Ella enchanted (by Gail Carson Levine)》를 싫어했다. 나는 오래전에 이 책을 무척 재미있게 읽었다. 어른이 읽기에도 손색이 없었다. 앤 해서웨이 Anne Hathaway 주연의 영화도 있어서 딸이 꼭 읽었으면 했는데 오디오북의 영향인지 책에도 전혀 관심을 보이지 않았다.

반면에 좋아하는 오디오북은 한 달을 틀어 봐도 잘 들었다. 안 듣는 것 같은데도 시간이 지나면 다음 시디로 바꿔 달라고 하곤 했다.《행운을 부르는 아이 럭키 The higher power of Lucky (by Susan Patron)》는 무척 좋아하던 오디오북 중의 하나였다. 집중해서 듣는 것 같지도 않는데 맨 처음 세 페이지를 완벽하게 외우고 있어서 깜짝 놀란 적도 있다. 들은 지 얼마 안 되었을 때였다. 아이들이 좋아하는 노래를 반복해서 듣다가 저절로 가사를 외우게 되는 것과 비슷한 것 같다. 듣는 것은 영어 표현을 기억하는 데에도 더 효과적이라는 것을 실감했다. 읽으면서 외웠다면 그렇게 쉽게 외우지는 못했을 것이다.

한 번에 두 가지 일을 잘 못 하는 나도 더 즐겨 듣게 되는 오디오북이 있었다. 베스트셀러 작가인 크리스틴 해나 Kristin Hannah 의《The four winds》와《The great alone》이다. 이 두 작품은 초반부터 강력한 몰입감을 선사했다. 푹 빠져서 듣다 보니 어느새 책이 끝나 있었다. 이 두 책을 아침에 설거지하고 주방 정리하는 시간에 들었다. 책으로 읽으려 했는데 재밌어서 다 들어 버렸다. 조금이라도 더 들으려고 평소에 하지 않던 주방 정리도 했다. 덕분에 미뤄 두었던 정리도 끝내고 이래저래 아주 고마운 두 책이다.

오디오북은 영어 원서의 매력을 한껏 올려 준다. 좋은 오디오북이 다양하게 많이 나와 있다. 그중에서도 나한테 더 매력적이고, 더 집중해서 듣기 좋은 오디오북이 있다. 마음에 드는 오디오북을 잘 골라 들으면 아이도 어른도 영어 원서 읽기의 재미와 효과가 배가된다.

효과적인
오디오북 활용법

나에게 잘 맞는 순서와 방식 찾기

킨들로 읽게 되면서 자연스럽게 오디오북에도 관심이 갔다. 전에는 책만 읽었었다. 주로 지하철 출퇴근 시간에 읽다 보니 오디오북 듣기가 더 어려웠다. 지하철 안은 생각보다 소음이 심한 곳이다.

오디오북을 들으면서 읽는 것은 고도의 집중력이 필요한 일이었다. 잠시 방심한 틈에 몇 줄이 지나가 버리곤 했다. 그럴 때마다 멈추고 다시 돌아가야 해서 읽기 흐름이 자꾸 깨졌다. 엄청난 집중력이 필요하다는 걸 직접 해 보고서야 깨달았다. 읽기만 할 때는 내 마음대로 속도를 조절할 수가 있다. 생각하면서 읽거나 자세히 보고 싶은 부분은 천천히 읽는다. 다음 내용이 궁금할 때는 빨리 읽고 넘어간다. 상황에 따라 속도를 조절해 가면서 읽을 수 있다. 오디오북을 들으면서 읽으면 꼼짝없이 일정한 속도로 읽어야 했다.

또 다른 문제는 마킹할 시간이 없다는 것이었다. 나는 읽는 동안 책에 마킹을 자주 하는 편이다. 이것도 일종의 직업병인지 읽기만 하는 것이 잘 안 된다. 마킹을 해 두어야 마음이 편하다. 다른 책을 읽느라 다시 보게 되는 일이 드문데도 이 습관을 못 버리고 있다. 오디오북을 들으면서 읽으면 재빨리 밑줄만 치고 지나가도 그동안에 놓치는 부분이 생겼다. 생각할 거리가 많은 책은 메모까지 하느라 들으면서 읽기가 더 힘들어진다.

그렇다고 해서 오디오북을 활용하지 않는 것은 엄청난 손실이다. 오디오북 듣기를 여러 가지 방법으로 시도해 보았다. 책을 읽지 않고 오디오북만 먼저 들어 봤다. 책 읽기와 오디오 북 듣기를 번갈아 가면서 시도해 보기도 했다. 어떤 부분은 책만 읽고 어떤 부분은 오디오북만 듣는 것이다. 책을 다 읽고 나서 오디오북을 들어 보기도 했다. 모두 장단점이 있었다.

오디오북을 먼저 들으면 내용을 알게 돼서 책 읽기로 이어지지 않았다. 아직도 나는 책을 눈으로 읽어야 읽은 것 같다. 듣기만 하고 끝내면 그 책을 읽은 것 같기도 하고 안 읽은 것 같기도 한 애매

한 상태가 된다. 중간에 잠깐이라도 다른 생각을 하면 놓치는 부분이 생겨서 그런 것 같다. 찜찜해서 책으로 다시 읽으려 해도 이미 아는 내용이니 좀처럼 진도가 나가질 않았다. 나중에 다시 읽어야지 하고는 다른 책으로 넘어가게 된다. 오디오북을 먼저 듣게 된 책은 그냥 잃어버린 책 같은 느낌이다.

하지만 오디오북을 듣기만 하면 더 많은 책을 접해 볼 수 있는 장점이 있었다. 책 한 권을 다 듣는 데 필요한 시간이 눈에 보이니 시간을 배분해서 듣기도 좋다. 예를 들어, 일곱 시간짜리 오디오북이라면 일주일 동안 하루에 한 시간씩 듣는 식이다. 챕터 기준으로 일정하게 나눠 듣는 방법도 있다. 하루에 어느 정도의 시간을 쓸 수 있는지를 기준으로 계획을 세우면 된다. 정해진 시간이나 양만큼 오디오북을 듣는 것은 책을 읽을 때보다 계획과 실천이 좀 더 수월했다. 이동 시간도 활용할 수 있으니 같은 시간 대비 더 다양한 책을 접해 볼 수 있어서 좋았다.

책 읽기와 오디오북 듣기를 번갈아 가면서 하는 방법도 시도해 봤다. 책 읽기를 마치는 시간이 빨라져서 좋았다. 읽기보다 듣기가 에너지를 덜 필요로 하니 좀 더 수월하게 책을 읽는 기분이 든다. 읽기는 문자를 해독하고 이해하는 데 에너지를 써야 해서 듣기가 더 수월하다고 느낀다. 책 읽기보다 영상을 보는 것이 더 편한 것과 비슷하다. 하지만 책을 눈으로 읽어야 마음이 편한 나로서는 이 방법 역시 개운하지가 않았다. 오디오북을 듣기만 하는 것에 굳이 불편함을 느끼지 않는 분들이라면 이 방법도 좋을 것 같다. 시간은 절약되면서도 글자로 볼 때와 소리로 들을 때의 장점을 번갈아 가며 누릴 수 있다.

나는 다 읽은 후에 오디오북을 듣는 것이 가장 좋았다. 일단 책 읽기를 마친 후라서 마음이 편했다. 딴 생각하느라 중간에 놓치는 부분이 생겨도 괜찮았다. 내용은 다 아니까 어떤 상황에서 어떤 표현을 썼는지 더 집중해서 듣게 된다.《모리와 함께 한 화요일Tuesdays with Morrie (by Mitch Albom)》을 오랜만에 다시 읽고 오디오북을 들은 적이 있다. 걸어가면서 듣다가 깜짝 놀랐다. 읽을 때는 무심코 지나쳤던 표현이 유난히 귀에 더 잘 들어오는 것들이 있었다. 두 번째로 읽은 후였는데도 책을 읽을 때와는 달랐다. 글자를 눈으로 읽을 때는 나도 모르게 언어를 더 분석적으로 보게 된다. 들을 때는 의미에 더 초점을 맞추고 듣는다. 책이 좋아서 오디오북으로 다시 들어보려고 했던 것인데 뜻밖의 경험이었다. 읽을 때 봤던 표현을 다시 듣게 되면 한 번 더 기억해 둘 수 있는 점도 좋았다.

마음에 드는 책이 있다면 읽고 나서 오디오북을 반복해서 들어봐도 좋다. 책을 두 번 읽는 것보다 오디오북을 두 번 듣기가 훨씬 더 쉽다. 문자를 해독해야 하는 과정이 필요 없기 때문이다. 어떤 장면에서 어떤 표현을 썼는지 반복해서 듣다 보면 영어 표현이 더 자연스럽게 다가오기도 한다. 읽고 나서 마음에 드는 책은 오디오북으로도 들으면 공부한다고 느낄 새도 없이 영어를 익힐 수 있다.

자연스럽게 끊어 읽기 해 주고 억양도 내용에 맞춰 읽어 주니 의미 파악도 더 수월하다. 감정까지 넣어서 실감 나게 읽어 주면 어떤 분위기의 내용인지 알기도 쉽다. 딸이 어릴 때 영어책의 수준을 높여 주려고 오디오북을 활용한 적이 있다. 자신의 수준보다 좀 더 어려운 내용이라도 반복해서 듣다 보면 내용을 이해했다. 좋아하는 오디오북을 먼저 충분히 들은 다음에 책으로 읽었다. 수월하게 읽을 수 있었다. 책부터 읽었으면 자신의 영어 수준보다 더 어려운 책을 읽지 못했을 것이다. 자주 듣던 책을 읽으니 성우의 목소리가 들리면서 저절로 읽히는 것 같다고 했다.

오디오북이 내용을 이해하는 데 도움이 되는 것은 성인도 마찬가지다. 오래전에 교양 영어 과목에서 공통으로 사용하던 교재 중에 의미가 모호한 문장이 하나 있었다. 선생님들과 잠깐 티타임을 가질 때 그 문장에 관한 이야기가 나왔다. 의견이 두 가지로 나뉘었다. 그러자 한 분이 교재에 딸린 CD를 틀어서 들려주었다. 문제는 간단히 해결되었다. 읽어 주는 문장을 들으니 의미가 너무도 명확하게 들어왔다. 의미에 맞도록 끊어 읽어 주었기 때문이다. 나는 지금도 가끔 그 선생님의 지혜에 감탄하곤 한다.

오디오북을 활용하면 영어 원서 읽기에 도움이 많이 된다. 오디오북을 가장 효과적으로 활용하는 법은 나에게 가장 잘 맞는 방식을 선택하는 것이다. 그래야 계속할 수가 있다. 나에게는 책을 읽고 나서 듣는 방법이 가장 잘 맞았다. 중요한 것은 오디오북 듣기를 어떤 방식으로든 병행하는 것이 책만 읽는 것보다 훨씬 도움이 된다는 사실이다. 직접 해 보면 어떤 방법이 자신에게 가장 잘 맞는지 알게 된다.

만물박사
구글 활용법

구글 단어 검색

영어 원서를 읽다 보면 단어의 의미를 좀 더 명확하게 알고 싶은 마음이 들 때가 있다. 사전의 설명을 읽어 봐도 의미가 잘 와 닿지 않을 때가 있다. 함께 쓰이는 의미 단위의 표현에 대해서도 궁금해진다. 그럴 때는 구글(Google) 검색이 유용하다. 예전에 구글 없이 어떻게 살았는지 모르겠다. 구글이 없었으면 수업 준비도 못 했을 거라고 동료 선생님들과 이야기를 나눈 적이 있다.

영어 단어의 의미를 구글에서 검색할 때는 검색창에 단어를 넣어 주기만 하면 된다. 구글에서 기본적인 의미를 간단하게 알려 줘서 편하다. 검색창에 'lucky 의미' 혹은 'lucky 뜻'과 같이 한글을 같이 넣어서 검색하면 한글 뜻이 먼저 제시된다. 영어 단어만 넣으면 단어의 의미가 영어로 먼저 나오고 그다음에 우리말 뜻이 나온다. 영어 설명을 먼저 읽어 보고 이해가 안 가면 우리말 뜻도 읽어 본다. 사전의 정의가 나오지 않으면 단어 옆에 meaning 혹은 definition을 같이 넣어서 검색한다. 구글에서 단어를 검색하면 주요 영영사전의 검색 결과도 볼 수 있다. 마음에 드는 온라인 영영사전을 열어서 사전의 의미를 확인하면 된다. 구어체 표현을 검색할 수 있는 어반 딕셔너리(urbandictionary.com)도 유용하다. 주요 영영사전에 없는 신조어나 슬랭을 검색할 때 활용하면 된다. 영어로 표현하기 어려운 우리말 단어, 정(jung)이나 눈치(noonchi)도 검색해서 영어 설명을 읽어 볼 수 있다.

비슷한 의미의 단어들 사이에 뉘앙스 차이를 알아볼 때 활용해도 된다. 검색할 때 단어 옆에 어원을 뜻하는 단어인 origin 혹은 etymology를 함께 넣어 준다. 단어의 어원이 라틴어Latin로 나오면 좀 더 격식을 갖춘formal 표현이라는 뜻이다. 예들 들어 several과 some은 둘 다 명사 앞에서 몇몇 사람이나 사물을 나타낼 때 쓰는 단어이다. 검색해 보면 several은 라틴어에서 유래한 것임을 알 수 있다. some students보다는 several students가 좀 더 격식을 갖춘 느낌의 표현으로 들린다. guys와 쓸 때는 some guys 가 좀 더 자연스럽다. big/large(큰), chance/opportunity(기회), use/utilize(사용하다)도 어원 검색으로 뉘앙스의 차이를 알아볼 수 있다. 짝지어 놓은 단어가 같은 의미를 나타낼 때는 각각 large, opportunity, utilize가 더 격식을 갖춘 표현으로 들린다고 생각 하면 된다. 이는 라틴어 어원을 가진 단어들이다. 라틴어 어원을 가 진 모든 단어가 더 격식을 갖춘 표현이라고 할 수는 없지만, 비슷한 단어의 의미 차이가 궁금해질 때 고려해 볼 수 있는 방법 중의 하 나이다.

가끔은 사전적인 정의보다 이미지를 볼 때 의미가 더 잘 이해 될 때가 있다. 구글에서 이미지 검색 기능을 이용해 보면 된다. 수 업 시간에 단어의 의미를 설명할 때 이미지를 보여 주면 학생들이 좀 더 쉽게 이해한다. 영어 읽기 교재에 tussle이라는 단어가 나왔 다. '이중 언어를 구사하는 사람의 두뇌에서는 두 언어가 tussle 하 는 현상이 일어난다'라는 설명 속에 있었다. 이때는 두 개의 언어가 머릿속에서 힘겨루기하는 상태를 의미한다. 구글에서 이미지 검색 결과 다음의 사진을 선택해서 보여 주었다. 이 상태가 바로 tussle 이라고 알려 주었다. 사전의 설명이 잘 이해가 되지 않을 때 구글 이미지 검색을 활용해 보자.

📓 구글 문장 검색

구글을 활용해서 영어의 쓰임을 알아보는 방법도 있다. 검색하고
자 하는 영어 표현의 단어 수가 두 개 이상이면 앞뒤에 큰따옴표를
붙여 주는 것이 좋다. 1)과 2)처럼 큰따옴표를 붙이면 해당 표현과
정확하게 일치하는 검색 결과를 보여 달라는 뜻이다. 큰따옴표를
붙이지 않으면 각각의 단어가 하나씩 들어 있는 문장이 검색돼서
원하는 결과를 얻기 어렵다. '다른 사람들과 함께 일할 수 있는 능
력이 있다'라는 문장은 다음 중 무엇이 더 좋을지 생각해 보자.

　　1) "have the ability for working with others"
　　2) "have the ability to work with others"

어느 것이 더 많이 쓰이는지 알아보기 위해 1)을 먼저 검색해 본다. No results(결과 없음)라는 문구가 검색창 바로 아래 나온다. 쓰이지 않는 표현이라는 뜻이다. 검색 건수가 매우 적을 때도 잘 안 쓰이는 표현이라고 생각하면 된다. 검색 결과에 나온 표현이 들어 있는 웹 문서의 출처도 살펴봐야 한다. 비영어권 국가의 웹 문서일 경우에도 잘 안 쓰이는 표현일 수 있으니 주의해야 한다. 이번에는 2)를 검색해 본다. 검색창 바로 아래에 약 15,600,000개의 검색 결과가 있다고 나온다. 검색하는 시점에 따라 숫자는 달라질 수 있다. 하지만 이 정도의 검색 결과는 보편적으로 많이 쓰이는 표현이라는 뜻이다. 다른 사람들과 함께 일할 수 있는 능력이 있다고 할 때는 2)에서처럼 'have the ability to 동사'로 쓴다는 것을 알 수 있다. 보통의 경우 원어민들이 1)처럼은 잘 쓰지 않는다.

따옴표를 붙이는 것 외에도 애스터리스크^{asterisk}라 불리는 *를 넣어 주는 와일드카드^{wild card} 검색 기능이 있다. 와일드카드란 카드 놀이를 할 때 쓰는 만능 카드를 의미하는 단어다. 구글 검색에서는 와일드카드를 넣은 자리에 어떤 단어가 오든 상관이 없다는 뜻이다. 예를 들어, 'It strikes ~ that 주어 + 동사'는 '~에게 어떤 생각이 떠오르다'라는 뜻이다. 동사 다음에 목적어를 넣어서 "It strikes them that"으로 검색하면 검색 결과를 제한하게 된다. 와일드카드를 써서 "It strikes * that"으로 검색해야 그 자리에 오는 단어를 제한하지 않고 실제로 쓰이는 표현인지 알아볼 수 있다.

검색 결과를 보면 주로 "It strikes me that 주어 + 동사"로 쓰인다는 것도 알 수 있다. 일반적으로 말하는 사람의 생각을 표현할 때 쓰는 표현이기 때문이다. 이 표현을 붙여서 말하면 무례하지 않게 들리는 효과가 있으며 신중하게 말한다는 느낌도 준다. 나도 모르게 어떤 생각이 든다는 뜻의 'I can't help but feel/notice that 주어 + 동사'와 비슷한 뜻이라고 생각하면 된다. 키워드로 검색하면서 와일드카드를 적절하게 사용해야 결과를 보다 정확하게 얻을 수 있다.

마지막으로 검색을 통해 알고 싶은 단어의 출처를 공식적인 문서로 제한하고 싶을 때 쓰는 방법이 있다. 검색창에 검색어와 함께 filetype:pdf를 붙여서 입력해 준다. 그러면 PDF 파일을 출처로 하는 검색 결과를 얻을 수 있다. 격식을 갖춘 영어 표현을 검색하거나 논문 쓸 때 필요한 표현을 검색해 볼 때 활용해 볼 수 있다. "written feedback" filetype:pdf 이런 식으로 검색창에 넣어 준다.

구글의 영어 표현 검색 기능은 도움이 되긴 하지만 검색 결과가 거친 편이다. 정제되지 않은 자료도 함께 검색되기 때문이다. 더 정교한 검색 결과를 얻고 싶으면 구글 엔그램 뷰어를 활용해 볼 수 있다. 다음에서는 구글 엔그램 뷰어에 대한 사용법을 알아보려고 한다. 각각의 장점을 이용해서 필요에 따라 선택하면 된다.

나의 원어민 영어 선생님, 구글 엔그램 뷰어

구글 엔그램 뷰어의 특징과 사용법

원서를 읽다 보면 영어 표현에 대해 궁금한 게 많아진다. 원어민에게 매번 물어보기는 어렵지만 엔그램 뷰어에는 언제든 물어봐도 된다. 구글 검색창에 'Google Ngram Viewer'로 검색해서 웹사이트에 들어갈 수 있다. 스마트폰에도 깔아 두면 편하다. 원어민 영어 선생님, 구글 엔그램 뷰어의 특징과 사용법을 알아보자.

구글 엔그램 뷰어는 온라인 검색 엔진이다. 영어를 코퍼스^{corpus} 별로 구분해서 검색 결과를 보여 준다. 코퍼스는 사람들이 실제로 쓰는 언어를 전자 데이터베이스로 구축해 놓은 일종의 '언어 데이터'라고 할 수 있다. 기술의 발달로 여러 종류의 코퍼스가 나와 있다. 학습자 코퍼스, 문어 written 코퍼스, 구어 spoken 코퍼스, 미국 영어 코퍼스, 영국 영어 코퍼스 등 장르가 다양하고 같은 장르 안에서도 여러 가지 하위 코퍼스가 존재한다. 콜린스 코빌드 Collins Cobild 영어 사전은 코퍼스를 이용해서 만든 최초의 사전으로 유명하다. 사전 편찬자들의 기준이 아니라 원어민이 실제로 사용하는 언어 데이터를 바탕으로 사전을 만들었다는 의미다. 사전의 표제어와 예문이 코퍼스 분석 결과를 기준으로 선정되었다.

구글 엔그램 뷰어는 영어 코퍼스가 영어, 미국 영어, 영국 영어, 소설 fiction 로 구분되어 있고, 문어체 영어를 기반으로 한다. 1500년부터 2019년 사이에 활자화된 언어 데이터(약 800만 권)를 바탕으로 하고 있기 때문이다. 구어체 코퍼스는 없지만, 소설의 검색 결과를 구어체 영어로 대체해서 가늠해 볼 수는 있다. 가장 포괄적인 검색 결과는 영어 전반의 검색 결과를 보여 주는 코퍼스에서 찾아볼 수 있다. 미국식 영어와 영국식 영어를 구분해서 검색해 보고 싶을 때는 해당 코퍼스를 선택하면 된다. 똑같은 표현도 각각의 코퍼스에 따라 다를 때도 있어서 나는 네 개의 코퍼스를 모두 검색해 보는 편이다.

그림에서 볼 수 있듯이 검색창 바로 아래 있는 탭으로 검색 조건을 설정할 수 있다. 차례로 검색 기간, 코퍼스 종류, 대문자 소문자 구분 여부, 몇 년 단위로 검색할지를 세팅할 수 있다. 원하는 대로 설정하고 즐겨찾기 해 두면 항상 같은 세팅에서 사용할 수 있다.

구글 엔그램 뷰어는 영어 표현의 사용빈도 차이를 알아볼 때 유용하다. clearly와 obviously는 '분명히, 확실하게'와 같이 비슷한 의미를 나타내는 부사다. 우선 단순히 이 두 단어 사이의 사용빈도 차이를 비교해 볼 수도 있다. 검색창에 다음과 같이 띄어쓰기 없이 넣어 준다.

clearly,obviously

검색 결과를 보면 모든 코퍼스에서 clearly를 더 자주 쓰고 있다는 것을 보여 준다. 특정 단어를 쓸 때 어떤 조합이 더 자연스러운지도 알아볼 수 있다. 예를 들어, impressed를 쓸 때 어느 부사와 함께 쓸지 알아보자. 이번에도 콤마 앞뒤로 띄어쓰기 없이 clearly impressed,obviously impressed로 검색어를 넣어 준다.

모든 코퍼스에서 'clearly impressed(감명을 받은 것이 분명해 보이는)'가 더 많이 쓰이고 있다는 것을 볼 수 있다.

연어^{collocation}를 알아볼 때도 활용할 수 있다. 연어는 함께 쓰이는 단어들의 조합을 말한다. fast food(패스트푸드), make an effort(노력하다), do homework(숙제하다)와 같은 예들이 있다. 그 밖에도 형용사와 명사, 부사와 동사, 부사와 부사, 명사와 명사 등 다양한 형태의 조합으로 된 연어들이 있다. 해당 단어 앞이나 뒤에 와일드카드(*)를 넣어서 연어를 검색해 볼 수 있다. clearly와 obviously가 자주 어울려 쓰이는 표현을 알아보자. 와일드카드는 한 칸 떼고 넣어 주어야 한다. 다음과 같은 결과를 얻었다.

clearly *,obviously *

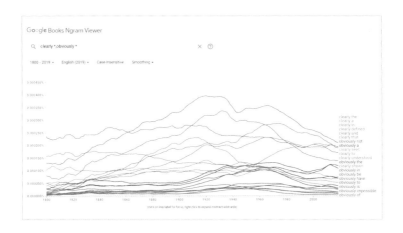

주요 검색 결과만 보면, clearly는 주로 defined, seen, understood, shown과 같은 동사와 자주 쓰이는 것을 알 수 있다. 이와 달리 obviously는 not과 함께 쓰일 때가 가장 많은 것이 눈에 뜨인다. 요즘 드라마로도 제작되어 큰 인기를 끌고 있는 《노멀 피플Normal people (by Sally Rooney)》을 읽다 보면, 남자 주인공이 질문을 받고 '당연히 아니지'라는 감정 섞인 뉘앙스로 말할 때 'Obviously not'이라고 하는 걸 볼 수 있다.

함께 어울려 쓰이는 단어가 다른 이유는 비슷해 보이는 이 두 부사 사이에 의미 차이가 있기 때문이다. obviously는 다른 사람이 알아차리지 못하는 것을 자신은 알고 있다는 뉘앙스를 좀 더 풍긴다. obviously는 '딱 봐도 ~하다' 또는 '누가 봐도 당연히 ~하다'라는 감정적인 의미를 포함하고 있다. clearly에는 감정적인 의미가 들어 있지 않다. '~인 것이 분명해 보인다'와 같이 사실에 대해 언급하는 표현에 더 가깝다. 다음의 예문을 보면 차이를 좀 더 쉽게 알 수 있을 것이다.

There is obviously nothing wrong with my idea, so why is everyone against it?
누가 봐도 내 생각에 문제가 없는 것 같은데 왜 모두 반대하는 거지?

There is clearly no other way, so let's do it the way you said. 다른 방법이 없는 것이 분명해 보이니 네가 말한 방법으로 해 보자.

엔그램 뷰어를 이용할 때 주의할 점이 있다. 여섯 단어 이상의 표현은 검색이 안 된다. 와일드카드를 검색창에 넣어도 하나의 단어로 간주해야 한다. 와일드카드까지 포함해서 최대 다섯 개의 연속된 단어로 된 표현을 검색할 수 있다. 와일드카드는 단어의 앞이나 뒤에 붙여서 검색해 쓸 수 있는데 하나의 표현에 한 개만 붙여서 검색해 볼 수 있다. 품사 구분을 해야 하는지도 판단해야 한다. 품사를 구분할 때는 단어 옆에 언더바(_) 하고 품사를 나타내는 약자를 붙여 준다. figure가 동사로 쓰인 빈도만 알아보려면 figure_VERB라고 검색한다. figure는 명사의 의미도 있으므로 동사로 한정해서 검색 결과를 보는 것이다. 검색창 끝에 있는 물음표를 누른 후 View All Options를 클릭하면 품사별로 모든 약자를 볼 수 있다.

검색 결과가 없는 것으로 나와도 안 쓰이는 표현이라고 단정 지으면 안 된다. 사용빈도가 낮은 경우에도 검색 결과가 없는 것으로 나올 때가 있다. 원어민들이 쓰는 표현이라도 사용빈도가 낮은 것은 검색 결과에 안 잡힐 수도 있다. 40권 이상의 책에 나오는 표현만 검색되기 때문이다. 더 자세히 알고 싶으면 구글 엔그램 뷰어 웹사이트 검색창 끝에 있는 물음표를 눌러서 설명을 읽어 보면 된다. 구글 엔그램 뷰어는 검색 결과를 그래프로 한눈에 볼 수 있어서 매우 편리하다. 어휘 사용 빈도를 검색해 볼 수 있는 다양한 웹사이트가 있지만, 구글 엔그램 뷰어를 추천한다.

영어 원서 읽기에서
가장 어려운 것은, 시작하는 것

　다니엘 스틸Danielle Steel은 믿기지 않을 정도로 많은 작품을 쓴 작가이다. 온라인 백과사전 위키피디아Wikipedia에 따르면 2021년까지 쓴 책이 190권이고 그중에 소설은 141권이 넘는다. 70대 중반의 나이에도 작품 활동을 왕성하게 이어 가고 있다. 영어 문장이 쉬운 로맨스 장르의 책이라 영어 초보자가 읽기에 좋은 책들이 많다. 영어 원서 읽기에 관심 있는 사람들에게는 익숙한 이름의 작가일 것이다.

　다니엘 스틸이 150권째 책 쓰기를 마쳤을 즈음 굿모닝 아메리카Good Morning America에 출연한 적이 있다. 소설을 쓸 때 처음, 중간, 마지막 단계 중 언제가 가장 힘드냐는 시청자의 질문을 받았다. 그녀는 시작하는 것이 가장 어렵다고 답했다. 시작을 피하려고 매니큐어를 알파벳 순서로 정리하고, 속옷 서랍을 정리하고, 아이들에게 전화를 건다고 한다. 쉴 틈 없이 베스트셀러를 쏟아내는 이 놀라운 작가에게도 시작하는 것이 가장 힘든 일이었다. 일단 이야기가 정해지면 바로 시작해서 쭉 쓴다는 말도 덧붙였다. 그녀의 말을 그대로 옮겨 본다.

"Once I get the story, then I'm off and running."

시작이 어렵지만, 일단 시작하면 소설 한 권이 완성되어 세상에 나오는 것이다.

우리 뇌는 미루면 미룰수록 놀라울 정도로 설득력 있는 이유를 생각해 내고 만다. 시작하지 않아도 될 그럴 듯한 이유들이다. 시간이 지나면 지날수록 더 강력하고 합당한 이유가 떠올라서 결국 스스로 설득당하고 만다. 시작이 어려운 사람들을 위해 현명한 조언을 해 주는 멜 로빈스Mel Robbins는 망설이는 시간 없이 바로 시작해야 원하는 일을 해낼 수 있다고 말한다. 잠깐이라도 망설이는 순간 우리 뇌는 그 일을 하지 못하게 만든다. 멜 로빈스는 이것을 5초의 법칙five second rule이라고 부른다. 어떤 일을 시작할 때 뇌가 변명을 생각해 낼 틈을 주지 않고 5초 안에 행동에 옮기는 방법이다.

영어 원서 읽기에 조금이라도 관심이 있다면 책을 고르는 일부터 바로 시작하겠다고 결심해 보자. 어떤 일이든 시작을 미루면 미룰수록 안 하게 될 확률만 더 높아진다. 영어 원서 읽기는 책을 고르는 것부터가 시작이다. 내가 읽을 만한 쉽고 재미있는 책을 우선 골라 본다는 기분으로 시작해 보라. 끝까지 읽을 수 있는 책인지 아닌지 살펴보기만 하면 된다. 맨 앞에 서너 쪽 정도만 읽어 봐도 바로 감이 올 것이다. 나에게 맞는 책을 찾을 때까지 포기만 안 하면 된다.

쉽고 재미있고 만만한 책을 찾았다면 영어 원서 읽기의 반 이상은 이미 성공한 셈이다. 그런 책은 중간에 멈추는 것이 더 어렵다. 영어 문장이 하나하나 이해되고 푹 빠져서 읽다 보면 페이지가 넘어갈 때마다 기분이 좋아진다. 멈출 수가 없다. 일단 시작하면 끝내게 된다.

그래도 시작하기가 어렵다면 주변 사람들에게 먼저 소문을 내는 방법도 있다. 영어 원서 읽기를 시작할 것이라고 미리 알리는 것이다. 우선 가족에게 알리고 가까운 친구나 주변 사람들에게도 말해 둔다. 실없는 사람이 되기 싫어서라도 시작하고야 만다. 나는 시작도 하기 전에 주변 사람들에게 책을 낼 거라는 말부터 해 놓았다. 적당한 기회를 봐서 이야기를 꺼냈다.

지인 요즘 어떻게 지내요?

나   책을 좀 써 보려고 이런저런 생각 중이에요.

지인 무슨 책인데요?

나   영어 원서 읽기가 왜 좋은지, 어떻게 하면 잘 읽을 수 있는지, 쉽고 재미있는 영어 원서는 뭐가 있는지 소개하는 책을 쓰고 싶어요.

가까운 사람일수록 다시 만났을 때 반드시 나에게 근황을 물었다. "책 쓰는 것은 잘 되어 가요?" 나는 그때마다 답을 해야 했다. "아직도 영어책만 읽고 있지 뭐예요."라든가, "아직 시작도 못 했어요."라는 말만 하기가 민망해서라도 글쓰기를 시작하게 되었다.

영어책을 읽고 있는 내 모습을 본 주변 사람의 인생을 바꿀 수도 있다. 그 사람이 영어책을 읽기 시작하면서 삶의 큰 전환점을 맞이하게 될지도 모른다. 삶의 전환점을 맞이하게 되는 사람이 내 아이이거나 내 학생일 수도 있다. 학창 시절 나의 은사님이 작은 페이퍼백 영어 원서 한 권을 꺼내 열심히 읽으시던 모습을 우연히 본 적이 있다. 다 같이 버스로 이동 중이었는데 나에게는 그 모습이 무척 인상적이었다. 오래도록 기억에 남았다. 어느 날 보니 나도 출퇴근하는 지하철에서 영어 원서를 읽는 사람이 되어 있었다.

영어 원서 읽기는 특별한 사람들만 하는 것이 아니다. 누구나 할 수 있다. 자신을 알아봐 줄 독자를 기다리고 있는 쉽고 재밌는 책들이 정말 많다. 난이도, 문체, 길이, 주제, 형식, 장르, 작가별로 다양한 영어 원서 중에 끝까지 읽을 수 있겠다는 느낌이 오는 책을 고르는 것부터 시작하면 된다. 영어 원서 읽기를 시도했다가 실패한 적이 있다면 영어 실력이나 인내심 부족 때문이 아니다. 자신에게 딱 맞는 책을 아직 못 만났기 때문이다.

Once you get the right book for you, then you will be off and running.

자신에게 딱 맞는 책을 찾는다면, 바로 읽기를 시작해서 쭉 읽어 나가게 될 것이다. 영어 원서 읽기는 삶에 긍정적인 변화를 가져온다. 영어 실력만 좋아지는 것이 아니다. 자존감이 높아져서 내면이 더 단단해지거나 주변 사람들과의 관계가 더 좋아지기도 한다. 삶의 특정 부분이 좋아지는 경험을 반드시 하게 될 것이다. 영어 원서 읽기도 결국, 책 읽기다. 어떤 변화를 가져올지 기대해 봐도 좋다. 나 자신이 그 변화를 경험하고 있기 때문이다. 더 미루지 않고 영어 원서 읽기를 시작할 모든 분께 뜨거운 응원을 보내 드리고 싶다.

영어 원서,
어디까지
읽어 봤니?